Wolf von Fichtenberg

Blickpunkt

Religion

Eine (Nach)Denkschrift

www.tredition.de

© 2018 Wolf von Fichtenberg
Erste Auflage

Umschlaggestaltung, Illustration: Wolf von Fichtenberg

Verlag: tredition GmbH

ISBN:
978-3-7469-6842-1 (Paperback)
978-3-7469-6843-8 (Hardcover)
978-3-7469-6844-5 (e-Book)

Bibliografische Information der Deutschen Nationalbibliothek:
Die Deutsche Nationalbibliothek verzeichnet diese Publikation in der Deutschen Nationalbibliografie; detaillierte bibliografische Daten sind im Internet über http://dnb.d-nb.de abrufbar.

Ein kurzes **Vorwort**,

denn ich möchte Sie nicht ungeschützt in das sprichwörtliche „kalte Wasser" werfen, obwohl es hier nicht so kalt bleiben wird. Ich verspreche Ihnen, es wird des Öfteren heiß hergehen. Sehr heiß.

Sie halten eine Schrift in der Hand, die mit „Religion" betitelt ist. Ganz profan „Religion" und jeder Mensch glaubt zugleich nun sofort zu wissen um was es sich handelt, umgangssprachlich gesagt: „Um was es sich dreht". Vielleicht passt das sogar besser, denn manchmal wird es uns schwindelig werden. Bestimmt.

Mit Religion, besser Religionen, wächst man auf und in weitest gehendem Sinne beeinflussen sie auch das eigene Leben, je nach Historie und Kulturkreis mehr oder auch weniger. Die Religion ist zugleich auch etwas, was man eben aus seinem Kulturkreis heraus betrachtet, ein Kulturkreis in dem man lebt und zugleich auch durch das eigene Tun mitgestaltet. Aus diesem Grundgedanken heraus möchte ich – nein, ich werde - mit einem sehr provokanten Kapitel beginnen. Dieses ist eine Streitschrift.

Gegen die Religion?

Für die Religion?

Wer kann dies schon sagen?

Es vorab sagen, denn oftmals urteilt man sehr vorschnell, der sprichwörtlich „erste Eindruck" überlagert das objektive Denken, subjektive Empfindungen färben das zu Betrachtende ein. Urteilen Sie, denn Sie allein bestimmen wie Sie die Welt sehen, denn jeder Mensch hat seinen eigenen Blickwinkel. Religion ist jedoch ebenfalls geprägt von zwei Begriffen die zugleich auch die tragenden Säulen dieses Gedankengebildes sind: *Ethik* und *Moral.*.

Ethik und Moral bedingen einander, ergänzen, ja überschneiden und vermengen sich teilweise mit dem, was hier mit dem Oberbegriff Religion beschrieben ist. All dieses wird aus dem Kulturkreis heraus betrachtet, in welchem man aufwuchs, selbst am Ende einer historischen Entwicklung stehend, die durch die politische Entwicklung des Landes ebenso geprägt wurde wie durch das Elternhaus, ja weitestgehend durch jeden erzieherischen Akt und dem visuellen Eindruck dem man unweigerlich unterliegt. Ein visueller Eindruck der zugleich beeinflusst; heute in der Medienwelt des Jahres 2018 mehr als in jener Welt, die nur auf Printmedien angewiesen war und diese Welt mehr als jene Welt, deren Informationen nur durch das gesprochene Wort weiter getragen wurde.

Das Fassen dieser Worte in Schriftform veränderte das Denken des Menschen und durch das Niederschreiben der Mythen floss unvermeidbar auch das Gedankengut des jeweiligen Schreibers in die Texte hinein. Selbst klimatische Bedingungen färbten die niedergeschriebenen Worte ein, dazu die umgebende Flora und Fauna sowie die erlebten Katastrophen. Aber auch unbegreifliche Dinge erzeugten Gedankengänge um eben das Unverstandene begreifbar zu machen.

Die absolute Neutralität und die absolute Wahrheit gibt es nicht, denn jeder sieht die Welt mit seinen Augen, bewertet sie mit seiner Einschätzung der Sachverhalte und lässt seine Abneigungen - wie auch seine Zuneigungen - in die Texte einfließen. Es gibt nur die eigene Wahrheit und alles ist gefärbt mit und durch das eigene Ich.

Philosophen schrieben ihre Weltsicht nieder, Mythenschreiber sammelten Texte und in jeder dieser Schriften ist zugleich auch ein Teil des Menschen zu finden, der sie verfasste; das was ihn bewegt, das was ihn antreibt und auch das was er erklären möchte. So auch hier. Es ist meine Sicht.

Streitbar?

Gewiss, aber vielleicht findet sich auch Ihr Gedankengang hier wieder, vielleicht nicht in Gänze, aber so doch in Ansätzen. Möglicherweise regt es auch zum Widerspruch an... Oder zum Erforschen dessen, wie es betitelt ist: Religion.

Nein, es ist kein religiöses Buch.

Es ist auch kein Gebetbuch, keine alles heilende Schrift mit Lösungen. Es geht weitestgehend um uns: Die Menschen.

So wie alles einen Anfang hat, so auch diese Schrift.

Wir beginnen am Anfang, am Urbeginn der Zeit, an jenem noch nicht existenten Tag als alles Nichts war und das Nichts alles beinhaltete: Mit den Schöpfungsmythen der Menschen. Eben dieses wird uns zeigen, wie unterschiedlich und vielfältig das Thema ist und durch eben die Unterschiedlichkeit wird auch ein Einblick in die kulturelle Vielfalt gewährt...

Ich bin – wie viele andere Menschen auch - im christlich geprägten Mitteleuropa aufgewachsen, habe hier gelebt, sah verschiedene Länder, hatte Kontakt mit verschiedenen Sprachen, Gebräuchen, Kulturen und lebe nun wieder im Herzen Europas, wie man es selbst nennt, obwohl es ein wenig westlich des geografischen Zentrums liegt. Doch das „Herz" erscheint mir kalt geworden. Deshalb – man verzeihe es mir – wird es überwiegend um eine christliche Sicht gehen, aber eben jene werde ich kritisch hinterfragen. Manchmal werde ich auch – das lässt sich kaum vermeiden – abschweifen.

Nun, ich lade Sie ein, mich auf dieser Reise zu begleiten. Es wird manchmal obskur klingen, Gedankensprünge werden einen imaginären Aufschrei erzeugen, aber so wie man bei einem Film unterschiedliche Handlungsstränge findet - verschiedenen Flussläufen gleich - die sich zu einem Strom vereinigen um dann ins Meer zu münden, so ist es auch hier, denn das Thema ist an Komplexität kaum zu überbieten. Um dieses umfangreiche Thema verständlich zu gestalten werde ich mich hierbei der Sprache so bedienen, als würde man es jemandem erzählen. Stellen Sie sich dazu eine Ihnen genehme Stimme vor, die Ihnen das Nachfolgende vorliest und schon beginnt unsere Gedankenreise.

Sie werden keine Kapitel finden, vorgegebene Unterteilungen. Ich gebe Ihnen nichts vor. Unterteilen SIE wie es Ihnen beliebt, denn Sie sind ein freier Mensch.

Es gibt viele Religionen in der Welt. Unzählige. Gedankengänge die das Unbegreifliche ergründen wollen und sich dem widmen, wie all das wurde, was IST.

- Wie entstand die Welt?

- Wer ist der Schöpfer?

Ich habe einige dieser Gedanken geordnet, denn auch dieses ist Teil der Historie, der eigenen Geschichte. Es sind nicht die Abfolge der Taten von „Berühmtheiten", die Schaffung und der Zerfall von territorialen Reichen, sondern es ist ein Sprung hin zum Anfang.

Gleichheiten des Grunddenkens sind hierbei ebenso zu finden, wie die Gleichheiten bei der Verwendung von Zahlensymboliken. Ist alles nur eine Geschichte, die man sich in den sich unterscheidenden kulturellen Gebieten anders erzählt? Vielleicht...Oder die Schaffung anderer Welten?

Allein das Erzählen der unterschiedlichen Geschichten lässt auch auf das Denken und das Fühlen der Menschen - in diesen sehr verschiedenen Kulturkreisen - schließen.

Das Folgende ist nicht chronologisch geordnet, es ist nur ein Abriss dessen, was die Menschen in den Bann zog und zieht, früher noch eher als heute. Früher beherrschte die Fantasie – bedingt durch fehlende Kenntnisse in der Chemie oder Physik – das Denken. Die Fantasie würde bemüht, Dinge zu erklären.

Heute – und dieses ist zugleich eine Zeitkritik – stirbt die Fantasie. Vorgefertigte Bilder werden uns durch die unterschiedlichsten Medien vorgesetzt. Das was wahr ist kann kaum noch von dem unterschieden werden, was wahr sein kann. Wir sehen, jedoch: Was sehen wir? Eine Matrix? Eine Scheinwelt?

Oh, ich schweife bereits am Anfang ab. Das möchte ich nicht, denn das soeben Erwähnte ist ein Thema für sich. Kommen wir somit schnell zum eigentlichen Thema zurück: Religion. Nun gerade die Schöpfung, eben der Anfang alles Seins.

Indien ist ein Subkontinent.

Es ist zwar heute auch ein Land, aber auch zugleich die Heimat unterschiedlicher Kulturen. Diese Kulturen haben ihre eigene Sicht des Anfangs, schufen eigene Mythen

Die *swihilisische* Schaffungsgeschichte erzählt von einem Wesen, welches nie geschaffen wurde und das nach langer Zeit beschloss, das Licht zu schaffen, es in Tag und Nacht zu teilen und aus dem Licht die Seelen der Engel zu bilden, aber auch den Menschen zu formen. Über die Welt, die nun geschaffen wurde, spannte sich ein Zelt, in dem es kleine Löcher gab, durch die das reine Licht der Göttlichkeit zu sehen war. Dieses nannte der Mensch „Sterne".

In der *pangwesischenen* Schöpfungsgeschichte wird erzählt, dass der Gott (dessen Herkommen nicht erklärt wird) den Menschen aus der Echse schuf und ihn aus dem Wasser zog. Mehr nicht, aber zugleich sehen wir hier eine gewisse Anknüpfung an die Evolutionsgeschichte - wie wir sie kennen – aufzeigt. Sieben Tage habe die Umwandlung gedauert.

Dieses sind die Urformen - daraus entwickelte sich Weiteres - das, was wohl bekannter ist:

- Gott Brahma erwachte und trieb – auf einer Lotusblume sitzend – auf dem Urmeer, derweil er selbst über sein Herkommen sinnierte. Aus dem Nebel des Meeres erschien Vishnu und die beiden Götter stritten, wer denn vor ihnen da gewesen sei.

Brahma sagte zu Vishnu, er existiere, weil er ihn erdacht habe, Vishnu antwortete, er sei der Schöpfer, da er dem Meer entstamme. Da erschien aus dem Meer das Licht; Vishnu verwandelte sich in einen Eber und suchte den Anfang des Lichts am Erdengrund, Brahma verwandelte sich in einen Schwan und suchte das Ende des Lichtes in den Lüften. Beide Götter fanden aber weder den Anfang noch das Ende. Aus dem Licht trat jedoch Shiva und die drei Götter erkannten: Sie waren Eins, nur in verschiedener Gestalt und so begannen sie die Welt zu formen. Wir sehen hier bereits eine Form der wohl bekannten Dreiheit des Göttlichen dessen sich auch das Christentum bedient.

Nördlich von Indien befindet sich das **asiatische Zentralland.**

Ich will hier nur eine Geschichte aufgreifen, die Schöpfungsgeschichte der Khuza (Mongolei) welche in ihrer Ähnlichkeit in ganz Sibirien zu finden ist. Sibirien ist nicht „Irgendwo", sondern es ist das Gebiet, welches hinter dem Ural beginnt und sich (vereinfacht gesagt) nördlich einer gedachten Linie China - Schwarzes Meer erstreckt.

Hier wird von den drei Sonnen erzählt, die das Weltmeer zum Kochen brachten und die bereits existierenden drei Menschen (erneut finden wir auch hier die Dreiheit) schickten Schwäne aus, damit diese nach Steinen tauchten. Nach sieben Tagen kamen die Schwäne zurück und brachten zwölf Inseln mit, welche die Heimat der Menschen wurden und deren Endzeit dann gekommen sei, wenn aus der Weltmitte ein erstickender Rauch aufsteige. Auch hier finden wir die Zahlensymbolik der 7 und der 12, die in der überwiegenden Mehrzahl der Kulturgebiete Verwendung findet.

Auch **Japan**, ebenfalls zu Asien gehörend, hat seine eigene Geschichte.

Zwei Götter (der Gott Izanagi und die Göttin Izanami) saßen auf der Regenbogenbrücke und rührten mit Stäben in dem unter ihnen befindlichen Chaos, welches sich darauf verdickte. Sie zogen die Stäbe heraus und die fallenden Tropfen erstarrten im Urmeer zu Inseln. Die beiden Götter stiegen hinab, bauten ein Haus und erkannten ihre Unterschiedlichkeit im Körperlichen. Sie zeugten Inseln, Flüsse, Berge, Pflanzen und andere Götter, darunter Amaterasu (Sonne) und Susanowo (Sturm). Bei der Geburt des Feuergottes starb Izanami und Izanagi versuchte vergeblich, sie aus dem Reich der Toten zurück zu holen. Er wusch sich im Fluss und so entstanden aus dem Wasser weitere Wesen, welche die Welt bevölkerten.

Wenden wir uns **Afrika** und seinen Mythen zu.

In der *shillukisische* Schöpfungsgeschichte schuf der Gott den Menschen aus Lehm, den weißen Menschen aus heller Erde und den dunklen Menschen aus schwarzer Erde, wobei er dem Menschen die Langbeinigkeit des Flamingos gab und die langen Arme des Affen, damit er eine Hacke benützen könne.

Im Norden Afrikas finden wir **Ägypten**, in welchem verschiedene Schöpfungsgeschichten erzählt werden. Ein Kulturkreis der vielen Menschen eher bekannt ist als das Gebiet Zentralafrikas.

Die Geschichte aus Heliopolis erzählt von einem Chaos im Urmeer, aus dem der Gott Atum die Erde entstehen ließ, sowie die Götter Schu und Tefnut, die wiederum Osiris, Seth, Isis und Nephtys zeugten. Osiris und Isis zeugten Horus. Die Schöpfungsgeschichte von Hermopolis erzählt von Schlangen- und Froschgöttern, die dem Urmeer entstiegen seien, wobei der Frosch den Mann symbolisierte, die Schlange die Frau. Eine Gans legte ein Ei und aus diesem Ei entschlüpfte der Sonnengott Re. Einige Fassungen erzählen auch von einer Blume, aus der Re entstiegen sei.

In Memphis war man der Überzeugung, dass Ptah die Welt durch sein Wort und seine Gedanken habe entstehen lassen. (Die Ähnlichkeit mit der Genesis - Bibel – ist hier offensichtlich) Durch sein Wort schuf er die anderen Götter und unterteilte das Land in verschiedene Gebiete. In Theben jedochwurde gelehrt, das der Gott Amun aus sich selbst entstand, danach die anderen Götter schuf und die Welt ordnete, derweil in Elephantine geglaubt wurde, Gott habe den Menschen auf einer Töpferscheibe erstellt.

Die Menschen **Amerikas** -zusammengefasst oft mit dem Namen „Indianer" versehen - haben ebenfalls ihre eigene Geschichte.

Sie erzählt von dem „alten Mann", der die Dinge geschaffen habe, darunter auch die Menschen, derweil er über die Erde wanderte. Oft wird er auch der „Grosse Geist" genannt. Als er sich bei seiner Wanderung niederlegte, entstanden aus seinem Körper die Berge und Täler (ähnlich der germanischen Schöpfungsgeschichte). Die Menschen hatte er aus Ton geformt und er zeigte ihnen, wie man sich von den Pflanzen ernährt und welche Tiere man ebenfalls essen könne, aber auch die Heilpflanzen. Er gab den Menschen den Bogen zur Jagd, zeigte ihnen das Feuermachen, riet ihnen nie rohes Fleisch zu essen und sie sollen auf seine Stimme zu hören, wenn er im Traum zu ihnen spräche.

Wenden wir uns nun einmal dem **Abendland** zu. Beginnend mit den **Griechen**.

Am Anfang gab es das Chaos, aus dem sich die Finsternis und die Nacht erhoben um den Tag zu gebären und es entstand auch die Urmutter, Gaia, die allein in einer leeren Welt stand. Sie zeugte aus sich heraus den Himmel (Uranos), das Meer (Pontos) und die Unterwelt (Tartaros). Gaia vereinigte sich mit ihrem Sohn Uranos und zeugte die Flüsse, die Sonne und den Mond. Ihre Kinder zeugten die Titanen, die jedoch von deren eigenen Kindern (Zeus, Poseidon, Hades) gestürzt wurden und danach, auf dem Berg Olymp sitzend, über der Welt thronten.

Die so genannte **germanische** Schöpfung, nachlesbar in der „EDDA" war diese:

Am Anfang war das Nichts. Zwölf Flüsse flossen aus der Nebelwelt, erstarrten dann zu Eis und die Funken Muspelheims brachten dieses Eis wieder zum Schmelzen und der Riese Ymir entstand, aus dem die Erde wurde. Sein Körper wurde zu den Bergen, die Haare zu den Bäumen und Gräsern, das Blut den Flüssen. Aber auch die Kuh namens Audhumlah, gab es, welche an dem Eis leckte und so Buri, das erste Wesen daraus befreite, der aus sich selbst seinen Sohn Borr zeugte. Dieser traf auf die Riesin Bestla und sie zeugten Odin, Vili und Ve (Atem, Geist und Leid. Die Trinitätslehre des Mittelalters nahm diesen Gedanken ins Christentum auf).

Das **Christentum** basiert auf den Geschichten der Bibel. Ein Schöpfergott schuf Licht, Erde und Menschen, teilte die Zeit in Tag und Nacht und benötigte hierfür die gängigen sieben Tage.

All dieses ist nur ein grober Abriss; gewiss. Es geht um die Schöpfung, Ideen, Mythen und Geschichten zur Erschaffung der Welt, eine Welt die man als einzig ansah, das Universum noch nicht begreifend (tun wir es heute?), nicht um die Auslegung von irgendwelchen religiösen Heilslehren. Natürlich, es gibt weitere Schöpfungsriten, aber letztendlich stellt sich uns nur eine Frage, nein, eine Frage und eine Bemerkung, denn welche der Geschichten stimmt davon? Oder anders gefragt: Sind es nicht alles nur Sinnbilder? Und: Ist es eigentlich nicht absolut gleich, was davon stimmt? Letztendlich sind wir allesamt Menschen, abstammend von einem Wunder, welches wir mit „Leben" bezeichnen.

Gerade lasen wir von der Bibel. Besser wäre gesagt, ich sprach sie an, als einen Teil der unvollständigen Auflistung verschiedener Schöpfungsgeschichten. Und ein großer teil dieser Schrift wird auf die Bibel verweisen. Keine Angst, es ist kein „Bibelbuch". Sie werden es sehen.

<u>Provokant</u>: Welche Bibel darf es denn sein? Sie wundern sich wegen dieser Frage? Gemach, denn es gibt nicht nur eine Bibel. Wie wäre es damit: Die "Normalbibel"? Oder jene Bibelausgabe die Sie vielleicht irgendwo sogar selbst besitzen? Oder die "Neue Welt Bibel?" Oder…

Welcher Gott soll es sein? Der allgemeine Gott? Oder der Bibelgott der Mormonen, der auf dem unsichtbaren Planten Kuba wohnt und mit Maria den Jesus zeugte? Oder dieser vielleicht der Gott des Millennialismus, Prinz Phillip (die Prinz-Philip-Bewegung ist ein Kult, der von der Bevölkerung des Dorfes Yaohnanen auf Vanuatu betrieben wird). Aber das steht nicht in der Bibel. Noch nicht… (Der Kult sieht Prinz Philip, den Gemahl der britischen Königin Elisabeth II., als eine Göttlichkeit an).

Der Atheist sagt, verkürzt: "Ich bete Nichts und Niemanden an".

Oder jener der dem Pangaismus (Naturreligion) zugewandt ist sagt: „Mir ist der Gedanke der Symbolisierung der Urgewalten der Kräfte der Natur - durch Personifizierungen prosaisch näher - als ein reines erdachtes Geistwesen".

Ich werfe einmal in der Art der „Holzhammermethode" ein: Gott kommt von Gut. Das ist es, was der Mensch bestrebt sein sollte zu sein. Das Tun und Handeln sollte er nach diesem verinnerlichten Streben ausrichten.

<u>Provokant</u>: Die Bibel ist ein Sammelsurium verschiedener Schriften, aus denen man Unbequemes ausgeklammerte und alles Weitere darin wurde so angeglichen, das es halbwegs passt. Man bedenke allein die Anfangsjahre als man sich stritt, wie viele Götter man denn verehren solle. Einen? Zwei? Oder sind es Dreiundfünfzig? Dieses war eine ernsthaft genannte und diskutierte Anzahl zu der damaligen Zeit. („Damals" meint dies: Während des Konzils von Nicäa, 325 n.d. Ztw., heute Iznik in der Türkei, nahe Istanbul). Die Entscheidung ging sehr knapp aus. Beinahe hätten die Vertreter

und Befürworter des Arianismus dort die Mehrheit erlangt und dann hätte sich das Christum ganz anders ausgebildet, aber auch der siegreich genannte Sonnengott Mithras stand dort zur Debatte. Als Gott. Als christlicher Gott! Dieses ist vielen Menschen gar nicht bewusst. War es Ihnen bewusst?

Religionen sind Phantasiegebilde von Menschen. Sonst gar nichts. Gewalt ist real. Und diese Gewalt wird durch das Buch „Bibel" begründet. Vielleicht einmal eine kurze Erklärung zu der Bibel:

Das Wort „Bibel" entstammt dem Altgriechischen *„biblia"* und bezeichnet mit diesem Wort einfach nur Bücher, besser gesagt, Buchsammlungen, eine Schriftensammlung die man als „heilig" ansieht und welche im Judentum und auch im Christentum das Ausüben der Religion normiert. Die Bibel des Judentums ist als dreiteiliger *Tanach* benannt. Er besteht der aus der Weisung (Tora), den Worten der Propheten (Nevi'im) und den Schriften (Ketuvim). Diese Schriften reichen – vermutlich - in etwa bis 1200 v. d. Ztw. zurück; sie entstanden im Vorderen Orient und wurden bis in das 2. Jhd. n.d.Ztw. kanonisiert, also in die Schriftensammlung aufgenommen.Das Christentum übernahm die Schriften des Tanachs, ordnete sie in anderer Form, passte sie nach eigener Sicht an und benannte sie in „Altes Testament"um. Dieses Schrifttum setzten sie vor das „Neue Testament". Im 3. Jhd. n. d. Ztw. Wurde das AT und das NT für kanonisch erklärt; spätere christliche Konfessionen haben diesen Kanon leicht abgewandelt. Ach, ich erzähle Ihnen einfach einmal davon:

Ja, dieses Konzil von Nicäa, 325 n.d. Ztw. veränderte einiges, Aber das gesamte 4. Jhd. war die Zeit, in welcher die christliche Richtung vorgegeben wurde.

Moment mal... Vorgegeben?

War das nicht alles Gottes Wort, von ihm selbst verfasst, lediglich von Schreibern nieder geschrieben? So sieht man es, so wird es gelehrt und so glaubt es die Gemeinde. Ja, aber... Wie, „Ja aber"...?

Nun, wenn dies so ist, dann ist er auch der Verantwortliche für all das was darin steht und was daraus gelesen wird. Alleinig, denn „ER" ist ja allmächtig.

Der Mensch ist nur ein Werkzeug. Sein Werkzeug? Kein eigener Wille? ER, Gott, ist verantwortlich für das Opfern von Tieren. ER, Gott, ist verantwortlich für das Opfern von Menschen. ER, Gott, ist verantwortlich für den Aufruf zum Massenmord.

Sie leugnen es? Somit ist der Mensch verantwortlich? Ähem, Sie sehen schon den Widerspruch? Oder? Nun, vielleicht sollten sie wieder einmal in die Bibel hineinschauen. Ich gebe Ihnen hier einmal einige passende Stellen zu diesem Sachverhalt. Ganz willkürlich ausgewählt.

Wie wäre es denn hiermit, 3. Buch Moses, 4. 27 ff.

(...) 27ff Wenn aber sonst jemand aus dem Volk aus Versehen sündigt, dass er gegen irgendeines der Gebote des HERRN handelt, was er nicht tun sollte, und so sich verschuldet und seiner Sünde innewird, die er getan hat, so soll er zum Opfer eine Ziege bringen ohne Fehler für die Sünde, die er getan hat, und soll seine Hand auf den Kopf des Sündopfers legen und es schlachten an der Stätte des Brandopfers.

Und der Priester soll mit seinem Finger etwas von dem Blut nehmen und an die Hörner des Brandopferaltars tun und alles andere Blut an den Fuß des Altars gießen.

All sein Fett aber soll er abtrennen, wie man das Fett des Dankopfers abtrennt, und soll es in Rauch aufgehen lassen auf dem Altar zum lieblichen Geruch für den HERRN. So soll der Priester die Sühnung für ihn vollziehen, und ihm wird vergeben.

Will er aber ein Schaf zum Sündopfer bringen, so bringe er ein weibliches, das ohne Fehler ist, und lege seine Hand auf den Kopf des Sündopfers und schlachte es zum Sündopfer an der Stätte, wo man die Brandopfer schlachtet. Und der Priester soll mit seinem Finger etwas von dem Blut nehmen und an die Hörner des Brandopferaltars tun und alles andere Blut an den Fuß des Altars gießen. Aber all sein Fett soll er abtrennen, wie man das Fett vom Schaf des Dankopfers abtrennt, und soll es auf dem Altar in Rauch aufgehen lassen als Feueropfer für den HERRN. So soll der Priester die Sühnung für ihn vollziehen für die Sünde, die er getan hat, und ihm wird vergeben.(...)

Unschuldige Tiere werden somit für einen vermeintlichen Fehler hingemeuchelt und ein Priester beschmiert mit dem Blut des verreckenden Tieres dieses selbst und lässt das Blut auf den Boden sickern... Würde man derartiges in einer uns fremden Kultur sehen, würde man es wohl abscheulich und verdammenswert nennen, aber für den Christen ist dieses Tun ein Teil seiner Glaubens.

Ach, Sie würden dieses nicht tun? Lehnen es sogar ab. Vorsicht, das kann ganz schnell dazu führen das „Anathema" ein Thema für Sie direkt wird. Doch dazu komme ich noch. Sie wissen nicht was das ist, dieses Wort „Anathema", was es bedeutet? Ich entrüste mich. Also wirklich...Man sollte den eigenen Glauben schon kennen, nicht wahr?

Wie gefällt Ihnen denn die Geschichte der Niederlage der Ammoniter aus dem Buch der Richter. Darin werden sie Jephtahs Tochter kennenlernen.

(...) 30ff Und Jephtah gelobte dem Herrn ein Gelübde und sprach: Wenn du die Ammoniter in meine Hand gibst, so soll das, was zu meiner Haustür heraus mir entgegenkommt, wenn ich in Frieden von den Ammonitern zurückkehre, dem Herrn gehören, und ich will es als Brandopfer darbringen! So zog Jephtah gegen die Ammoniter, um gegen sie zu kämpfen. Und der Herr gab sie in seine Hand. Und er schlug sie von Aroer an, bis man nach Minnit kommt, 20 Städte, und bis nach Abel-Keramim, in einer sehr großen Schlacht. So wurden die Kinder Ammons von den Kindern Israels gedemütigt.

Als nun Jephtah nach Mizpa zu seinem Haus kam, siehe, da trat seine Tochter heraus, ihm entgegen, mit Tamburinen und Reigen; sie war aber sein einziges Kind, und er hatte sonst weder Sohn noch Tochter. Und es geschah, als er sie sah, da zerriss er seine Kleider und sprach: Ach, meine Tochter, wie tief beugst du mich nieder und wie betrübst du mich! Denn ich habe meinen Mund dem Herrn gegenüber aufgetan und kann es nicht widerrufen!

Sie aber sprach zu ihm: Mein Vater, hast du deinen Mund dem Herrn gegenüber aufgetan, so handle an mir, wie es aus deinem Mund gegangen ist, nachdem der Herr dich an deinen Feinden, den Ammonitern, gerächt hat! Und sie sprach zu ihrem Vater: Das werde mir gestattet, dass du mir zwei Monate lang Zeit lässt, damit ich auf die Berge gehen und über meine Ehelosigkeit mit meinen Freundinnen weinen kann! Und er sprach: Geh hin! Und er ließ sie zwei Monate lang frei.

Da ging sie hin mit ihren Freundinnen und weinte auf den Bergen über ihre Ehelosigkeit. Und nach zwei Monaten kam sie wieder zu ihrem Vater. Und er vollzog an ihr das Gelübde, das er gelobt hatte. (…)

Ein Einblick in eine Gesellschaftsform in der der Vater absolute Gewalt über seine Kinder hat und er seine Tochter verbrennt. Sie sogar einwilligt. Sie, die nicht einmal mit einem Namen gewürdigt wird. Glaubensgrundsätze? Oder doch ein Bericht aus archaischer Zeit. Vielleicht ein Mythos, aber die Geschichte zeigt einen Gott der Menschen brennen sehen will. Na, reicht das?

Nein, es reicht nicht, denn ich führte ja auch den Aufruf zum Massenmord an. Da treffen wir doch erneut – in diesem Fall ein Zufall – Moses an. Über Moses selbst erzähle ich an andere Stelle etwas. Zum Nachlesen des Massenmordes durch die Leviten:

<u>2. Moses 26ff</u>

(…) 26ff Moses stellte sich an den Eingang des Lagers und rief: „Wer auf der Seite des HERRN steht, soll herkommen!" Da versammelten sich alle Leviten bei ihm. Er sagte zu ihnen: „Der HERR, der Gott Israels, befiehlt euch: ›Legt eure Schwerter an und geht durch das ganze Lager, von einem Ende zum anderen. Jeder soll seinen Bruder, seinen Freund oder Ver-

wandten töten"! *Die Leviten gehorchten, und an diesem Tag starben etwa 3000 Männer. (...)* Nett, nicht wahr? Oder ist es gar nicht nett? Sie entscheiden!

Sie sehen, so ganz einfach ist es nicht. Wie verhält sich dieses denn mit dem so genannten 5. Gebot dass man nicht töten solle? Neuzeitlich wird gerne darauf verwiesen, dass damit eher gemeint sei, man solle nicht morden. Man scheint sich etwas unwohl mit der Geschichte, seiner eigenen Vergangenheit und den alten Texten zu fühlen. Zudem verweist man auch darauf dass das hebräische Verb „rasah" nicht ganz eindeutig sei.

Hebräisch? Das ist ja interessant! Zur Zeitwende sprach man in Palästina Aramäisch und Moses – von dem die Gebote stammen sollen – lebte ja angeblich weit vor dieser Epoche.

Wie verhält es sich denn mit den Paulusbriefen. Oft erwähnt, oft zitiert und sehr oft Teil der so genannten Abendmahlsfeier, wenn der Priester belehrend vor der Gemeinde steht. Sind sie auch Gottes Wort? Oder schrieb sie Paulus nieder?

Wenn sie Gottes Wort sind, durch Paulus verfasst, dann, werte mitlesende Damen, halten Sie mal ganz schön den Mund, denn wie lesen wir in den Korintherbriefen (14. 34-35) doch?

Na, wissen Sie es?

(...) 34ff ...sollen die Frauen schweigen in den Gemeindeversammlungen; denn es ist ihnen nicht gestattet zu reden, sondern sie sollen sich unterordnen, wie auch das Gesetz sagt. Wollen sie aber etwas lernen, so sollen sie daheim ihre Männer fragen...(...).

Gefällt Ihnen das? Es ist doch Gottes Wort... Oder sind es doch eher die Worte des Paulus? Wenn es Gottes Wort ist und Sie sich nicht daran halten, stellen Sie sich gegen die göttliche Ordnung; wenn es jedoch nicht das Wort Gottes ist, wenn es die Worte des

Paulus sind, so folgen Sie einem - umgangssprachlichen - Macho. Das ist Ihnen schon bewusst, oder?

Die Grundfrage, jene die sich unbewusst in den Gedankengang geschoben hat und es immer wieder tut ist diese: Wer hat das alles geschrieben?

Ich sprach das 4.Jhd. an, eben jene Zeit in der all das festgelegt wurde, was man heute als „Bibel" bezeichnet. Und eben in dieser Zeit befinden wir uns nun. Im 4. Jhd. Wir lernen nun jenen Menschen kennen, der Hauptschöpfer dessen ist, was wir allgemein als „Bibel" bezeichnen.

Sein Name war Hieronymus. Genauer: **Sophronius Eusebius Hieronymus** (geboren vermutlich um 347 in Stridon, Provinz Dalmatia; gestorben am 30. September 420 in Betlehem/Palästina).Er ist jener, der als Kirchenvater bekannt wurde. Heilig gesprochen wurde er natürlich auch. Das macht die Kirche so. Ja, ja, diese Heiligen…Dazu komme ich noch. Später.

Dieser Hieronymus bekam vom damaligen Papst Damasus (geboren etwa um das Jahr 305 herum - wahrscheinlich in Lusitanien ungefähr dem heutiges Portugal entsprechend - oder in Rom – die Quellen sind unterschiedlich- gestorben am 11. Dezember 384 in Rom) den Auftrag alle Evangelien in das Lateinische zu übersetzen, zu ordnen und zu ergänzen. Denn das Konzil von Nicäa hatte gezeigt, wie uneins man doch im Grunde war. Ergänzen?

Einen Moment bitte… dazu komme ich auch noch. Diese Schriftsammlung trägt den Titel: >> Biblia Sacra Vulgate Editionis tribus Tonis Distructa << kurz: „Vulgata". Die Katholische Kirche sieht diese Schrift als fehlerfrei an. Die Evangelische Kirche bezieht sich auf die hebräischen und griechischen „Original"texte. Allerdings auch aus dem 4. Jhd. stammend, also genau das Material, mit welchem auch Hieronymus gearbeitete hatte.

Ich stelle Ihnen Hieronymus einmal vor. Vielleicht kennen Sie diese Fabel, vielleicht auch nicht:

Zu Hieronymus kam ein Löwe der unter schrecklichen Schmerzen litt. Diesem Löwen entfernte er einen spitzen Dorn aus dem Fußballen. Der Löwe war dem Retter so dankbar, dass er quasi zu seiner „Hauskatze" wurde und ihm überall hin folgte. Nun wurde der heilige auch noch zum Vegetarier der kein Fleisch mehr essen wollte. (Ob der Löwe sich daran hielt weiß ich allerdings nicht...) Jedenfalls saß Hieronymus nun da, umgeben von einem Berg der Schriften die zu übersetzen und ordnen er hatte. Er las und las und dann schrieb er. Zuerst an den Auftraggeber, Papst Damasus. Der Brief ist erhalten:

(...) Auch meine Verleumder müssen bestätigen das in sich widersprüchliche Lesarten schwerlich die Wahrheit anzutreffen ist." (...) Wenn auf die lateinischen Texte Verlass sein soll, dann bitte auf welche?

Jene Texte, die Hieronymus willkürlich ausgesucht hat? Es gibt fast ebenso viele Textformen, wie es Abschriften gibt. Abschriften des Wortes Gottes. Unterschiedliche Formen? Das ist schon eigenartig, nicht wahr? Hieronymus befürchtete selbst als Frevler oder Fälscher angesehen zu werden, wie er dem Papst Damasus in einem weiteren Brief mitteilte. Wörtlich schrieb er:

(...)weil ich die Kühnheit besaß, einiges in den alten Büchern zuzufügen, abzuändern oder zu verbessern (...)

Halt! Lesen Sie es bitte erneut, denn das ist etwas sehr Entscheidendes! Nun, was sagen Sie denn jetzt dazu?

Hieronymus wollte griechischen Originale verwenden, aber er misstraute den Übersetzern; er änderte die Fehler – aus seiner Sicht - nicht, da, so sagte er selbst (!), die Römer bereits durch regelmäßige Lesungen an verschiedene Texte gewöhnt hätten. Wen er direkt mit „Römer" meinte, das ließ er offen. Die Bewohner der Stadt Rom? Die Einwohner des Landes? Oder die Christen, die auch als Römer bezeichnet wurden? Oder Mitglieder von Gemeinden die sich an verschiedenen Orten gebildet hatten? Wissenschaftliche Schätzungen sprechen von etwa 3.500 Änderungen, die Hieronymus durchgeführt hat. 3.500 Änderungen an dem Wort Gottes, der Gott, der von sich selbst bei Maleachi sagt, er ändere sich nie? Eine erstaunliche Glaubensgrundlage… !

Wie viele Handschriften lagen dem Übersetzer vor? In Griechisch, bei Matthäus vermutlich in Hebräisch verfasst? Gab es Schriften in Aramäisch?

Welche Evangelien? Wie viele Evangelien gibt es denn? Vier? Das ist vermutlich die Anzahl die Ihnen spontan in den Sinn kommt, oder? Ja? Nun, die vier bekannten Evangelien kennen Sie wahrscheinlich.

Kennen Sie aber das Nazaräer Evangelium? Das Ebioniter Evangelium? Das Thomas Evangelium? Das Hebräer Evangelium? Das Ägypter Evangelium? Das Phillipus Evangelium? Das Petrus Evangelium? Das Maria Evangelium? Das Nikolaus Evangelium? Das Bartholomäus Evangelium? Das Brotevangelium des Jakobus? Das Friedensevangelium der Essener? Das Evangelium des vollkommenen Lebens?

Diese Verfasser wurden „in Ewigkeit" mit dem Kirchenbann belegt. Zudem wissen wir nicht, wie viele Schriften verbrannt oder sonst wie vernichtet wurden, Texte die wir heute gar nicht kennen. Ich frage:

Ist es nicht Vermessen und zugleich eine Lüge die heutige Bibel als das Wort Gottes anzubieten? So ist es im Kath. Katechismus zu finden! Hieronymus selbst maßte sich nicht an, die komplexe Wahrheit zu kennen: (…) *Nichts ist wahr, was voneinander abweicht(…)* Ist es somit nicht eher das Wort des Paulus und des Hieronymus, dem Christen folgen, einem Werk, an dem selbst der Verfasser seine Zweifel hatte? Trotzdem ist es der Glaubensgrundsatz: <u>Die Bibel ist Wort Gottes</u>. Ich bezweifle es.

Wenn ich nun den Satz des Hieronymus aufnehme, das nichts wahr sei, was voneinander abweicht, so, stelle ich hier einmal Grundlage gegenüber, jene des Jesus und jene des Paulus:

Jesus: Das Tun entscheidet.

Paulus: Der Glaube genügt.

Das sind zwei sehr unterschiedliche Vorangehensweisen, deren Ergebnisse auch sehr unterschiedlich sind. Denken Sie doch einmal darüber nach.

Das erste Vatikanische Konzil (1869/1870) bezieht zur Bibel und den Schriften wie folgt Stellung: *(...) Die Kirche hält sie(...) für heilig und kanonisch weil Sie auf Eingebung des Heiligen Geistes geschrieben, Gott zum Urheber haben und als solche der Kirche selbst übergeben worden sind. (...)* Gedanklich kratze ich mich fragend am Kopf. Haben wir nicht vorhin erst erfahren was Hieronymus mit den Schriften getan hat, jener Heilige der anpasste, strich und etwas umschrieb? Paulus formte die Kirche. Hieronymus schuf die Textgrundlage. Und das sind Menschen., wie Sie und ich.

Die Grundposition der Katholischen Kirche: *Das Alte Testament und das Neue Testament bedingen einander und beide sind wahres Wort Gottes.*

Die Grundposition der Evangelischen Kirche: *Sowohl das Alte Testament und auch das Neue Testament sind einzig Richter, Regel und Richtschnur. Danach müssen alle Lehren erkannt und geurteilt werden, ob sie recht oder Unrecht sind.*

Ich lasse Sie mit diesen beiden Grundgedanken ein wenig allein, um dann Hieronymus zu Wort kommen zu lassen. Er fügte es zusammen und sollte es wissen und bemerkte, er selbst wüsste nicht, wer sich die Lüge hat einfallen lassen, das die Schriften von Gott selbst stammten.

Aber wir brauchen gar nicht soweit in die Vergangenheit gehen. Der Kirchenhistoriker Karl-Heinz Deschner schreibt in seinem

Werk „ Abermals krähte der Hahn", das man bis ins 18. Jhd. behauptet hatte, das Original des Markus-Evangeliums zu besitzen. Praktischerweise in Venedig....Und in Prag...In Latein geschrieben...Muss ich dazu etwas sagen? Vermutlich nicht. Es gibt keine Originalschriften. Nur Abschriften von Abschriften, von Abschriften... .

Viele Schriften wurden vernichtet. Warum? Wenn es das wahre Wort Gottes ist, so urteilen Menschen was SEIN Wort ist? Das ist Willkür und sehr subjektiv. Auch Papst Damasus korrigierte Schriften des Hieronymus, pfuschte ihm praktisch ins Handwerk. Aber auch heute:

Vergleichen Sie doch einmal eine heutige Bibel mit einer die z.B. 200 Jahre alt ist. Ich meine nicht die Rechtschreibung, ich meine den Inhalt. Sie werden Veränderungen finden. Mehr als sie jetzt vermuten. Unveränderliches Wort...? Der Mensch musste die Sprache anpassen? Ich sage: <u>Man sich seinen Gott angepasst.</u>

Von Hieronymus selbst sind rund 100 Briefe erhalten geblieben. Daraus erfahren wir auch, dass er annahm, Jesus habe kein Fleisch gegessen, als er wäre Vegetarier gewesen. Urchristliche Schriften deuten in die gleiche Richtung. Und was macht die Christliche Kirche, die bis zum Jahr 367 alle „Ketzerschriften" verbrennen ließ nach der Synode von Toledo (447)? Na?

Als man von der begünstigten Religion zur Staatsreligion aufstieg, bekämpfte man zunächst die Konkurrenz. Aus reinem Machttrieb. Der Besitz von Ketzerschriften hatte die Todesstrafe zur Folge. Vielleicht wurden deshalb auch die Schriftrollen versteckt, die man in Qumran fand? Oder auch jene Schriften die man 1945 in Nakmadi fand (Ägypten) und die heute im Koptischen Museum von Kairo zu sehen sind.

Papst Leo I. (der Große) verfluchte während der Synode von Toledo die Vegetarier. Gläubige wie auch Priester: *(...) Wer sagt oder glaubt, man müsse sich vom Fleisch der Vögel oder des Viehs, das zur Speise gegeben ist, nicht nur um der Züchtigung des Leibes willen enthal-*

ten, sondern es verabscheuen, der sei mit dem Anathema belegt." (…). Da haben wir es ja, das Anathema, denn das bedeutet Kirchenbann, kam einer Exkommunizierung gleich. In der damaligen Zeit, bis noch vor wenigen Jahren der Ausschluss aus der Gemeinschaft.

Papst Johannes der Dritte (561-574) bei der Synode von Braga /561) im Kanon 14:: *„Wer Gemüse, das mit Fleisch gekocht wurde nicht isst, sei mit dem Anathema belegt."* Speisevorschriften als Glaubensbasis? (Veganer, Fructarier und Ovo-Lakto-Veganer haben somit kaum eine Chance auf christliche Glückseligkeiten…).

Die Urchristen nahmen keine Soldaten oder Jäger in ihren Kreis auf, die katholische Kirche schon. Auch die durch Luther gebildete Abspaltung hat hier keine Vorbehalte. Und in der Bibel lesen wir: Die Verbrennung von Tieren …Ein lieblicher Duft für den Herrn.

Doch nun zurück und ich provoziere erneut:

Weg mit der Bibel, überarbeiten der Schriften und in eine zeitgemäße ethische Form packen. Weg mit den ganzen Geschichtchen darin, den Phantasien und dem Unsinn. Letztendlich bleibt dann jedoch nur sehr wenig. Dieses vielleicht: Benimm dich anständig, haue und ärgere niemanden und helfe den Menschen. Dafür braucht man jedoch keine Bibel sondern eine kurze ethisch-moralische Lehre. Mehr nicht. Und das reicht. <u>Das</u> meine ich… Und wie sehen Sie es?

Geraten wir jetzt nicht gedanklich in den Bereich der Philosophie? Besser gesagt, in den Bereich der Philosophie des Abendlandes? **Philosophie**… ein Wort welches bekannt ist, welches aber – wie auch der durch dieses Wort zusammen gefasste Inhalt – selten verstanden wird.

Viele Denker haben sich den Fragen der Welt gestellt, ließen ihre Empfindungen und auch ihre Beobachtungen in die von ihnen verfassten Werke einfließen und schufen so ein Schrifttum, in dem man sich selbst findet oder das man manchmal gänzlich ablehnt. Gemeinsam ist der Philosophie (Liebe zur Weisheit) jedoch, das sie das Handeln und das Denken prägten und prägen. Die Philosophie ist der Ursprung der ethisch-moralischen Vorstellungen, wobei sie sich zugleich bemüht, das Sein zu deuten und die Welt zu ergründen.

Als Beginn der abendländischen Philosophie kann man ungefähr das sechste Jahrhundert vor der Zeitwende ansehen, als das klassische Griechenland zu ihrem Geburtsort wurde. Logik, Folgerung und Erkenntnis sind die Basis der Philosophie. Wer lebt und mehr sein will als ein Konsument, sondern sich seiner selbst bewusst werden will – der Unterschied zwischen Mensch und menschlichem Wesen – sollte sich auch über sein eigenes Sein sicher werden und sich selbst reflektieren, sich quasi selbst in einem gedanklichen Spiegel betrachten. Wird man sich erkennen, wenn man unterschiedliche philosophische Ansätze kennt, ja, wird man sich in diesen formulierten Gedankensätzen direkt wiederfinden...? Oder verunsichert es nur, vielleicht verliert man sich sogar in den Gedankensätzen?

Letzteres wäre der positive Effekt, denn die Unsicherheit drängt das Ich zu weiterer Erkenntnis, ist zugleich der Motor einer geistigen Evolution, während völlige Sicherheit oft Stillstand bedeutet.

Die Begriffe **Ethik** und **Moral** wurden erwähnt und angesprochen. Vielleicht sollte man diese Begriffe einfach einmal erklären. Ich versuche es einmal. Stimmen Sie meiner Erklärung zu? Gut. Nein, Sie lehnen meine Sicht ab? Auch das ist gut, denn Sie haben ein Recht auf Ihre Sichtweise.

Ethik kann man grob gesagt als „Sittenlehre" bezeichnen. Es ist ein philosophischer Teilaspekt, der die Verhaltensweisen, sittlichen Beziehungen, Normen und Werte der Menschen und deren Anschauungen untersucht und eine Richtschnur sein möchte.

Die **Moral** ist – philosophisch betrachtet - mit der Ethik nicht unbedingt gleichzusetzen. Die Ethik ist eher die Wissenschaft von der Moral. Ethische Systeme sind historisch bedingt. Sie werden in der Regel religiös begründet, von einer absoluten Idee, vom Selbstbewusstsein oder vom Willen. Zugrunde gelegt werden bei diesen Überlegungen - im Idealismus befangene -Theorien, von der, entweder als ewig oder unveränderlich, betrachteten Natur des Menschen.

Um die Ethik der Realität anzupassen und zugleich in dieser gedanklichen Richtung voran zu kommen, muss der dialektische Materialismus in die Überlegung mit einbezogen werden.

Hier werden Werte und Normen, aber auch Prinzipien aus den materiellen gesellschaftlichen Objektivitäten abgeleitet und so als theoretischer Ausdruck objektiver Forderungen formuliert. Es spiegeln sich hierbei die Erfordernisse der Menschen im Zusammenleben wieder, sowie die entstehenden, gemeinsamen Interessen der Gesellschaft, die sich bildet oder gebildet hat. Dadurch beendet die Ethik ihre eigenständige Existenz und wird quasi zur Wissenschaft der Moral.

Unter Einbeziehung historischer Erkenntnisse werden Notwendigkeiten sichtbar. Die Gewohnheitsmacht und die Tradition können jedoch lange Zeit parallel existieren. Selbst dann noch, wenn die sozialen Grundlagen – objektiv gesehen – verändert wurden oder längst nicht mehr existieren. Letztendlich bestimmt allein die Gemeinschaft, was als Werte, Normen, Anschauungen und Bedürfnisse innerhalb der Moral zu betrachten ist. Hier kommen zugleich die ökonomischen Verhältnisse der Gesellschaft - als treibende und beeinflussende - Kraft hinzu. Diese Verhältnisse bestimmen maßgeblich die Art der Entwicklung der moralischen Werte und deren Normung, innerhalb eines Kulturkreises.

Ethik war und ist stets eng mit den ideologischen Interessen einer Gesellschaft (oftmals mit der beherrschenden Gesellschaftsschicht) verbunden und wird auch heute noch eingesetzt, um politische und wirtschaftliche Ziele durchzusetzen. Im Grunde ist die Ethik zu unterteilen:

Hier ist erst einmal der theoretisch-philosophische Teil (Wesen und Funktion der Moral, Struktur und individuelles Moralbewusstsein, Persönlichkeit und Gemeinschaft, aber auch die Freiheit der Entscheidung durch das Individuum). Auf der anderen Seite finden wir die spezifischen Ansätze (Inhaltliche Aussagen, durch die das menschliche Handeln und Fühlen direkte Impulse erhält). Zu letzterem gehören die Grundbegriffe wie „Gut" oder „Böse", „Verantwortung", „Pflicht", aber auch „Ehre" und „Gewissen. Dieses ist oftmals nur ein mündlich überlieferter Moralkodex und extrem abhängig von der persönlichen Tugend und den spezifischen eigenen Charaktereigenschaften.

Konkret kann man die Moral als das gesellschaftliche Bewusstsein und als die ideologischen Beziehungen der Menschen untereinander bezeichnen, gefasst in sittliche Normen und Prinzipien.

Wie gesagt, all diese Werte gelten nicht ewig; sie wandeln sich mit den Lebensumständen und spiegeln diese zugleich wieder, wobei auch die wirtschaftlichen Verhältnisse extremen Einfluss auf das gesamte Moralempfinden des einzelnen Menschen haben.

Je mehr der Mensch in eine Gemeinschaft eingebunden wird und sich ihr zugehörig fühlt, desto mehr orientiert er sich an den Moralbegriffen eben dieser Gemeinschaft, die sich aus den ethischen Grundlagen entwickelte. Letztendlich kommen wir – besser gesagt, ich komme, denn Sie lesen meine Worte - zu diesem Ergebnis:

Die Ethik ist die „Gebrauchsanweisung", mit der wir die Moral erstellen. Doch das Eine ist ohne das Andere nicht denkbar. Zwei Seiten einer Münze, deren Bild sich jedoch im Laufe der Zeiten wandeln kann. Dennoch: Sie gehören zusammen.

Puh, das war schwere Kost, nicht wahr? Aber etwas Grundkenntnis und auch einer Grundeinschätzung bedarf es, wenn man sich in einem so komplexen Thema wie der Religion bewegt.

Da ich gerade so gedanklich herumschweife, versuche Erklärungen zu geben, so füge ich noch dieses hinzu: Was ist das eigentlich „Kultur"? Kann man es mit wenigen Worten beschreiben, oder ist es nur ein Wort, welches man inhaltslos gelegentlich gebraucht? Ich versuche einmal es - aus meiner Sicht – zu erklären. Vielleicht stimmen Sie mir zu.

Kultur ist das Gewachsene innerhalb eines bestimmten Gebietes auf unserem Planeten. Zivilisation ist der eigene Anspruch den ein Volk – oder eine Gruppe, ja, auch ein Stamm – für sich selbst reklamiert. Die Römer sahen sich als Zivilisation, die Griechen ebenso. Der Außenstehende war ein Barbar, unzivilisiert im eigenen gedachten Sinne. *(„Barbar" abgeleitet von dem altgriechischen βάρβαρος – bárbaros- . Es bedeutete in etwa „Stammeln", der griechischen Sprache nicht mächtig zu sein, unverständliches Reden).*

Kultur ist nicht mit Zivilisation gleich zu setzen. Zivilisation ist nichts anderes als die Änderung der Lebensumstände innerhalb eines bestimmten Zeitraumes und innerhalb eines Gebietes durch die sich dort aufhaltende Menschengruppe. Kultur ist die Entwicklung im ethisch-moralischen Sinne eben jener Gruppe mit dem Bestreben, die sich entwickelnde Zivilisation zu humanisieren. Bedauerlicherweise haben diesen Schritt – innerhalb jeder Gruppe – nicht alle mitgemacht und sehen das subjektive Empfinden als Richtschnur der Kultur an.

Man muss sich der Ist-Situation innerhalb einer Kulturepoche – in der man sich ständig befindet - bewusst sein und aus dieser Ist-Situation eine positive Weiterentwicklung anstreben und zugleich – im Rahmen des Möglichen – auch umsetzen. Hierzu gehören auch die Sprache und somit auch die verwendete Sprache des Alltags. Sie ist phonetischer und somit gefasster Gedanke. Ja, Sprache ist auch Gefühl und spiegelt die Vielschichtigkeit der Welt. Würde man eine Einheitssprache schaffen, würden auch die Nuancen der Individualität verschwinden, tragende Pfeiler der Kultur. Es geht nicht darum, dass Menschen sich so nicht verstehen können (eine das grobe Übersetzende ist das Englische/Französische/Spanische usw.), aber mit jeder Übersetzung verliert das Gesagte und Gemeinte Feinheiten im Ausdruck. Die bunte Gedankenwelt zerbricht.

Oh, ich bin wieder einmal vom Thema abgekommen, aber ich bin der Ansicht, manche Begriffe bedürfen auch kurz einer Erläuterung. Wie sehen Sie „Kultur"? Was ist es für Sie? Wie würden Sie es definieren?

Aber, so frage ich – und komme zum eigentlichen Thema zurück - was ist all dieses, welches wir gemeinhin als „Religion" bezeichnen?

Religion?

Grundsätzlich ist unter Heilslehren oder auch Religion, bzw. Religionen, die Gesamtheit von Anschauungen, Gefühlen und Kulthandlungen zu verstehen die sich etwas Irrealem zuneigt. Dieses begann bereits in der Frühgeschichte, als man sich dem Schamanen zuwandte, polytheistische Religionsformen schuf, bis hin zum Monotheismus. Religiöse Anschauungen aller Art und Form haben etwas gemeinsam:

Sie sehen das Wesen und den Ursprung der Welt in einen übernatürlichen Akt begründet. Hierdurch sind grundsätzlich erst einmal alle Religionsgedanken miteinander verwandt. Allein die Ausformungen unterscheiden sich. Das Entstehen einer Religion, ihre Blütezeit, aber auch das Absterben sind ein natürlicher Prozess. In den archaischen Zeiten reflektierte die Religion die Naturgewalten, welche die Menschen nicht beherrschen konnten. Dieses Nichtbeherrschen wurde in höhere Mächte hineingedacht. Ihre Ohnmacht suchten die Menschen durch Opfergaben zu überwinden, wie sie es auch heute – wenn auch in geringerem Maße, jedoch in ihrer Kultur gefangen und abhängig - noch tun. Früher opferte man ein Lamm, heute wirft der religiöse Mensch sein Scherflein in den Klingelbeutel… . Hilfreich ist es dann stets auch, einen Schamanen,

Magier, Priester oder Guru an (und „auf") seiner Seite zu haben, der rituelle Handlungen vollzieht, welche die Masse nicht versteht und die so geheimnisvoll sind, wie die Mächte selbst, die man so zu beeinflussen sucht.

Einher mit der Religion geht aber auch die Aufspaltung des Volkes in unterschiedliche gesellschaftliche Schichten. Besonders das Christentum ist hier in führender Rolle zu sehen. Die sich gleichzeitig und parallel in den Kulturkreisen ausbildenden aristokratische Gesellschaften - mit ihren sich ausbildenden Strukturen - bedurften immer auch einer passenden Religion. Während es bis ins 10.Jhd. andauerte (!), um Europa fast gänzlich zu christianisiert, fand die umwandelnde Strukturreform des Volkes in „Herren" und „Diener" schon eher statt. Die religiösen Führer förderten dies und partizipierten zugleich daran.

Das christliche Credo: "Hier auf der Erde geht es dir schlecht, aber warte, bis du in den Himmel kommst", hatte zugleich eine einschläfernde, ja fast morphide Wirkung. Die Vertröstung auf das Jenseits war für die Herrschenden immer ein gutes Geschäft, wobei dieses „Geschäft" durchaus wörtlich zu verstehen ist, denn man profitiere auch materiell: Für Worte bekam man willige Menschen, manipulierbar und gegenüber der Ausbeutung nur murrend, selten aufbegehrend. (Selbst der Bauernkrieg – ich erzähle davon noch - bildet hier keine Ausnahme, in ihm ging es nicht um eine gesellschaftliche Umwälzung, sondern um Reformen im strukturell-religös-christlichen Bereich).

Gerade der Kapitalismus basiert auf der Religion, denn dieses "gebt des Kaisers, was des Kaisers ist" ist ein gern zitierter Spruch. Der, sich aus dem Kapitalismus entwickelnde, Plutokratismus (...in den Windeln liegt er schon! Oder krabbelt er bereits durch die Länder, genährt von Lobbyisten, gehätschelt von willfährigen Politikern?), benötigt die Religion als Hilfsmittel nicht mehr. Er ist Gott und Religion zugleich. Das Geld ist es, welches regiert und zugleich ist es der Gott, den alle begehrend verehren, der „Gott" der alles Möglich macht und das vermeintliche Paradies auf die Erde bringt. Wer da nicht "mitbetet" hat eben - zynisch gesagt - Pech. Für ihn bleiben dann die überholten Heilslehren übrig... Oder der Exkurs in fremden Mysterien, asiatische Guruweißheiten... Oder die Schaffung einer Verbindung mit alten Baumgeistern...Oder bestimmte, abgrenzende, sich elitär gebende Lebensformen wie „Ich lebe vegan" treten an die Stelle. *(Ähem: „Vegan".... Ich sage nur „Anathema"....)*

Es ist völlig gleich, wem der Mensch nachläuft, solange er nicht begreift, das er sein Leben selber steuert und somit gleichsam sein eigener „Gott" und/oder Schöpfer ist. Soziale Unsicherheit ist eine große religiöse Antriebskraft, aber auch die Übersättigung und die damit verbundene Leere des Ichs.

Eine Gesellschaft ohne Hierarchie erscheint vielen Menschen wie ein3e andere Form der Anarchie. Sie benötigen den Halt und sei es nur das Wort eines Scharlatans. Freiheit und Selbstbestimmung entwickeln sich bei diesen Menschen zu einer Vision, die es vielleicht im gedachten Jenseits gibt, jedoch nicht im Jetzt. Diese Veränderungen würden bedeuten, dass man selber handeln muss. Das jedoch wollen nur wenige Menschen wirklich. Zeitweilig tun sie es schon und sie empfinden dabei jedes Ballen der Faust in der Hosentasche wie einen gewaltigen politischen Akt, der ihr Tun ausdrückt und Sie suchen zugleich im Politischen jenen Heilsbringer, in dem sie sich selbst ein wenig erkennen.

Politik und Religion ähneln einander. Nun, denken Sie einmal kurz darüber nach. Unvoreingenommen und auch ein wenig sich selbst betrachtend und analysierend. In der eigenen Unsicherheit wird ein Halt gesucht und zugleich werden auch die vorgegebenen Dogmen der Religionen angezweifelt. Ein Lebenszweifel entsteht und das Suchen beginnt.

Ausschlaggebend war hierfür, (für die jüngere Vergangenheit gesehen) - *dieses ist sich heute kaum jemand noch bewusst* - die Hippiebewegung und der sich daraus abspaltenden Gruppe der sich selbst so nennenden "Jesus-People", die zeitgleich allerorts ihre Teestuben eröffneten und eben Jesus als eine Art Hippie-Superstar propagierten. Der Nebeneffekt war die Abwendung von den hergebrachten-kirchlichen Strukturen und die Hinwendung hinzu einer Gestalt, die außer Worten nichts zu bieten hat.

Aber Worte sind so eine Sache, oft zweischneidig... Man, da muss man ja nachdenken, das ist so anstrengend. Lieber schnell etwas „Fertiges" konsumieren, noch besser: Gleich etwas Neues suchen. Ein Neues *(für jenen, der damit erstmals in Berührung kommt)* welches auf Fragen schon stereotype Antworten gibt. Etwas Exotisches bietet sich an, romantisierende Phrasaliken, aufgepeppt mit fernöstlichem Räucherstäbchenmief. Ein religiöse Inhalt, formuliert mit anderen Worten, ist zwar in jeder Religion zu finden, aber wenn man bedenkt, das auch "Pop-Stars" (Beatles) sich gen „Gurustan" wandten, dann muss sich doch dort der Inhalt des Seins finden lassen...? Oder doch nicht?

Auch die Anstrengungen der Kirchen, durch modern angehauchte Kirchentage, die Jugend zu binden, ist nichts anderes als ein Versuch, diese Zukunft *in Persona* in das System einzukleben. Nicht zu binden, sondern: Kleben! Bänder kann ich durchtrennen, gebundene Fesseln zerschneiden, doch wenn ich regungslos irgendwo klebe, kann ich es nicht mehr. Ich kann gar nichts mehr tun!

Allein die Verbindung von Staat und Kirche ist ein Unding. Hier macht sich der Staat zum Steuereintreiber von den Bürgern (z.B. Deutschland) und zugleich partizipiert die Kirche vom gesellschaftlichen System. Auch dieses ist ein Grund, warum Menschen sich obskuren Heilslehren zuwenden. Die Füllung des hohlen Ichs, doch das es letztendlich auch nur ein weiteres Nichts ist, sehen sie nicht.

Nun, durch und aus meinen Worten heraus erkennt man den Agnostiker. Gewiss. Doch zugleich achte ich jeden religiös empfindenden Menschen, der sich in der wahren Lehre seiner Glaubenssätze wieder findet. Wenn es ihm hilft, ein anständiger Mensch zu sein, so reiche ich ihm meine Hand. Doch ich gebe sie nicht den religiösen Eiferern, denn in ihrer Hand ist die Brandfackel, mit der sie die Scheiterhaufen erneut anzünden.

Ist Religion denn zugleich auch Aberglaube?

Es wird sich jetzt erregend und schimpfend an dem Begriff" Aberglaube" gestört? Nun, wer die historische Religionsbildung *(Religion, nicht Christentum, das ist nur eine Richtung von vielen!)* kennt, der weiß, dass das Aberglaube ist: Von Menschen geschaffene Mythen um das Unbegreifliche begreifbar zu machen, später selbst zu einem Machtfaktor angewachsen.

Auf die Albernheiten *(ich verwende dieses Wort bewusst)* des „Mana fällt vom Himmel", „Moses teilte das Meer" oder auch das Herkommen des „Jahwe" (Einmal weiblich, einmal männlich) gehe ich etwas später noch ein. Man kann sagen: *„Es sind doch nur Gleichnisse…"*. Ja und Nein! Derartige Geschichten haben Menschen geglaubt, nahmen es als Wirklichkeit auf und an und tun es immer noch. Man führt sie bewusst in die Irre! Mit dem Wissen des Hintergrundes - hinter diesen Geschichten zu finden - ist es praktisch unmöglich an die Existenz des - oder der - Hochwesens zu glauben die präsentiert werden und das bezieht sich nicht nur auf das Christentum, sondern auf all jene Gruppen und Sekten.

Ich sage ganz bewusst „Sekten", denn es versammeln sich Menschen, die einfach etwas glauben, was sie selbst gar nicht begründen können. Sie meinen nur es begründen zu können, denn ihren eigenständigen Verstand setzen sie nicht ein, sondern bewegen sich im Rahmen des Sektendenkens. Ich weiß, - ich kann es fast hören - jetzt kommt der Einwurf der heiligen Bücher:

„Bibel", „Veden" usw. . Das ist Nichts. Gar nichts!

Niedergeschrieben über lange Zeiträume; es sind Genealogien, angefüllt mit hineingedeutetem Zeug. Und wenn mir das alles nicht gefällt, dann bringt mir eben ein Engel ein neues Buch oder man findet es zufällig, so wie es bei der Glaubensrichtung der Mormonen berichtet wird, als Joseph Smith das Buch Mormon *(im Jahr 1827 auf goldenen Platten...)* in den Hügeln von Cumorah fand und es übersetzte... Erinnern Sie sich noch an den heiligen Hieronymus...?

Und weil die benannten Personen angehimmelt werden, ist das, was sie angeblich sagten. zur Richtschnur geworden. Wenn ein heiliger Mann (- was immer das auch sein mag -) etwas sagt, hat das ein anderes Gewicht für die Masse, als wenn es ein beliebiger Mensch sagt. Der Inhalt ist gleich.

Wenn ich nun sage: *"Klaue beim Nachbarn keine Äpfel"*, dann habe ich es eben gesagt. Ein Mensch, wie Sie werter Leser. Ja, ich nehme Sie, werte Leserin nicht aus. Sagt den gleichen Satz ein Priester, hat das Wort anderes Gewicht, denn es wurde erreicht, in die Menschen den Gedanken einzupflanzen, diese Leute hätten einen direkten Draht zum „Chef im Himmel"... (Was immer das auch sein mag). Diese Verbindung aber haben sie nicht! Sie haben keinen Draht, Sie erzählen es nur.

(Ein kurzer Einwurf am Rande: Man lese einmal ein „ketzerisches" Buch: „Der Pfaffenspiegel. Es ist höchst leicht lesbar, unterhaltsam und doch stelle ich zugleich auch dieses Buch in Frage...).

Die Zeit der Aufklärung hat etwas Wichtiges hervorgebracht:Das Loslassen von den fest gemeißelten Worten. Das Denken wurde zum Selbsterlebnis, nicht das ungeprüfte und nicht hinterfragende Nachplappern irgendwelcher Parolen. Es mag sein, das Menschen aus religiösen Büchern ihre Kraft ziehen und so ein ethisch-moralisch ordentliches Leben führen, aber wenn diese Erleuchtung vielleicht beispielhaft auch durch ein Graffiti erricht wird, dann ist dies Wandbild ebenso heilig. Der Mensch sollte sich seiner Verantwortung stellen und wenn ein Mensch verantwortlich denkt, fühlt und sogar handelt, dann ändert er auch sein Leben und damit das anderer Menschen. Allerdings, ganz profan gesagt:

Fällt eine religiöse Sekte weg, gerät in Vergessenheit oder verschwindet aus dem Focus der Medien und verliert etwas an Bekanntheit, dann kommt sofort der nächste Prophet mit seiner Heilslehre dahergelaufen. Man kniet vor dem Kreuz, verneigt sich gen Mekka (zuvor gen Jerusalem) oder was weiß ich alles. Und vielleicht kniet man eines Tages vor einem heiligen Kartoffelsack. Für mich macht es keinen Unterschied.

Es gab eine Zeit, da wäre ich für dieses Geschriebene gefoltert und verbrannt worden… Und SIE ebenfalls, denn SIE halten die Schrift in Händen.

Erschrocken? Nun, auch das sind Auswirkungen der „Religion":

Ich bin ebenfalls der Überzeugung, dass die Welt ohne mystische Begründungen eine friedlichere Welt wäre, denn dann gäbe es keinen Höchsten, dem man die Verantwortung in die Schuhe schieben kann da, man auf „göttliche Eingebung" hin handelt.

Ich wandele einmal Nietzsches Worte ab: *„Gott ist nicht tot, sondern er hat nie existiert"*. Der Mensch allein hat ihn geboren. In vielfältigen Formen, denn der Mensch schuf Gott als sein Ebenbild.

Dieser Gedanke kommt auf: *"Liebet Gott, liebe Gott, der liebe Gott"*, stets verbunden mit dem Beiwort *„Liebe"*. Gepredigt von Kanzeln, geschrieben in der Bibel und eingeprügelt in Kinder…

Ich kann jemanden lieben (auf welche Art auch immer), der (bzw. die) mich vervollkommnet; mich ergänzt, bei dem ich mich angenommen fühlen kann. Wenn ich jedoch das Gefühl habe, ich liebe ein unsichtbares und zu Recht abwesendes Wesen, dann ist DAS eine tatsächlich absolute und ich werde nun vulgär - perverse Selbst-Masturbation. Gott ist ein er/gedachtes höheres Wesen, an der Spitze der religiösen Überlegungen. Das bin ich nicht. Ich bin ein Mensch, genetisch sehr nah an einer Maus und zugleich auch der Zerstörer der Welt. Nicht ich als Person, sondern der Mensch als Gesamtwesen.

Religion empfinde und sehe ich als einen Teil der Entwicklung der Menschen und ihrer Art zu leben an. Es ist eine historische Entwicklung. Zugleich passte sich der Mensch mit seinen Tätigkeiten seiner Umwelt an und änderte diese Umwelt in seinem Sinne. Hierdurch kam es zu Veränderungen in der Gesellschaft, ganz gleich ob es in der „Steinzeit" stattfand oder schon „Vorgestern". Diese Entwicklung in der Religion (jeglicher Ausprägung) hat zugleich einen Einfluss auf die Gestaltungsmöglichkeiten jedes Einzelnen, prägt aber auch seine eigenen Eigenschaften. Die stete Weiterentwicklung innerhalb dieser Fortschreitung lässt zugleich auch Platz für historisch Gewachsenes, wie auch Zukünftiges.

Der Mensch entwickelte Religionen. Er allein. Fakt ist: Er tut es. Zugleich entstehen innerhalb dieser Entwicklungen auch Bestrebungen, die Naturkräfte der Welt, als auch die eigenen Kräfte zu beherrschen; der Mensch strebt hochmütig danach „Herrscher der Welt" zu sein. Er nennt sich Gestalter, aber er handelt als Zerstörer und nicht als Bewahrer. Die Religion in einer Gesellschaft ist, kurz gesagt, ein Ergebnis menschlichen Denkens, Empfindens und Erlebens. Dieses drückt sich auch in den Entwicklungen aus. Hinzu kommen die sich entwickelnden eigenen Fähigkeiten, denn jedes Handeln des „Ichs" hat zugleich Auswirkungen auf alles in der Existenz. Manchmal sehr wenig, manchmal aber auch in extremer Form.

Zugleich beinhaltet Religion *(auch als Kulturbringer und Kulturerschaffer)* auch diese Rahmenbedingungen: Gewohnheiten, Gesetze, Traditionen. Religion übernimmt das bereits Bestehende und verwendet für den Menschen etwas, welches man kurz mit den Begriffen Geborgenheit oder Heimatgefühl benennen kann. Nicht nur im Äußeren, sondern auch im Inneren, denn jeder Mensch hat in sich ein eigenes Gefühl zu dem was ich soeben als Geborgenheit und Heimat bezeichnete.

Hierzu kommt und gesellt sich unweigerlich dies: Regionale Einflüsse - wie Rohstoffvorkommen, Nahrungsbeschaffungsmöglichkeiten und das weiträumige Klima - sind es, die religions- und kulturprägend wirken. Dieses alles macht die Vielfalt der Schöpfung in der der Welt aus: Bunt und vielschichtig. Lebenswert.

Wenn nun, innerhalb einzelner Religionen bzw. Sektiererreien, einige Menschen die Glaubensgrundsätze - die Teil des Lebensgebildes sind in dem sie sich bewegen - ihre Machtmöglichkeiten missbrauchen, so ist dieses nicht dem Glauben selbst anzulasten, sondern der wohl existenten geistigen Störung dieser Menschen und des Ausnutzens der Hinwendung anderer Menschen, das Drängen zum Aberglauben hin, um Halt und Richtschnur im Leben zu suchen.

Glauben und Aberglauben haben eines gemeinsam: Es ist die Nichtbelegbarkeit des erdachten Konstruktes. Das sich hier Massen mitreißen lassen, ist ebenfalls nicht dem Glauben anzulasten, sondern dem eher labilen Charakter dieser Menschen, die diesem schamanenhaften Gebaren verfallen und zu den Medizinmännern, Druiden oder Priestern aufschauen, denen sie eine gewisse Verbindung zu dem gedachten Hochwesen zubilligen.

Warum? Nun, weil man es sie so gelehrt und auch so gesagt hat, man es in ihrem Lebensraum eben „tut". Die Frage der Suchenden überall auf und in der Welt - im luxuriösen Penthaus ebenso wie in der gegrabenen Erdhöhle - ist diese: Wer ist denn dieses „GOTT"? Ausführlicher gefragt: Gibt es Gott? Wer ist Gott? Was ist Gott?

Auch ich bin ein Zweifler. Ich habe die Bibel gelesen...die Edda... den Koran...Schriften der Hindu...Buddhistische Lehren... selbst mit der Lehre der Katarer befasste ich mich und die Worte der Parsen. Es ist theoretisches Gedankengut. Erkenntnis brachte es mir nicht. Möglicherweise nur ein wenig Wissen und einige gute Lehrsätze, die ich mir merkte, notierte und im Inneren behielt.

Auch ich weiß nichts. Gar nichts! Nur suchende, forschende Gedanken beherrschen mich. Aber angenommen – und schon bricht der Agnostiker hervor - es gibt "ihn", dann bin ich sicher, das Göttliche mag lieber die Zweifler, die Sucher, als jene Kirchgänger, die nach der Messe die Gebote brechen und sich bigott ihre scheinheilige Welt erbauen und in jedem Tun ihre Grundsätze egoistisch auslegen und sich dabei dem Schlechten als dem Guten zuwenden.

Wer sich nun auf die Suche nach Gott und der Schöpfung begibt – wie bereits erwähnt, schreibe ich es aus christlich geprägter Sicht - der wird unweigerlich über einen Namen stolpern:

Jesus Christus. Ist Jesus Christus nicht Gott? Oder Teil von ihm oder...oder...? Letztendlich:

Wer war Jesus Christus? Jesus wird von vielen Menschen als reale Persönlichkeit gesehen. Rund zwei Milliarden Menschen folgen einer - ihm zugeschriebenen - Lehre und halten ihn für wirklich. Ist er wirklich? War er wirklich?

Unzählige Pilger reisen in das so genannte „Heilige Land". Einer der bevorzugten Orte ist Bethlehem, der Ort, in dem - der Legende nach - Jesus geboren sein soll. *(Oder war es vielleicht doch Nazareth...?)* Sie knien nieder und berühren die gezeigte Stelle des Geburtsortes, andachtsvoll und gläubig.

Ja, hier war es, denken sie... Aber, war es „hier"? <u>Was</u> war hier? Neue archäologische Forschungen kommen zu einem ganz anderen Ergebnis.

Das die Geburtskirche von Helena (der Mutter des römischen Kaisers Konstantin, den wir später erneut antreffen werden) gebaut wurde - was möglicherweise bekannt sein dürfte - ist nicht das Irritierende, sondern das Zugeben dieses Faktes durch die Kirche selbst. Sie leugnen es nicht einmal mehr, bieten den Ort aber zugleich als verehrungswürdigen Fetisch an. Wir wissen gar nichts, kennen keinen genauen Ort, keine genaue Zeit und man flüchtet sich in den Satz, der von einem Schulkind stammen könnte: „Wenn nach zweitausend Jahren die Menschen noch immer an Jesus glauben, so muss er ja gelebt haben...". Dieses ist beileibe keine logische Argumentation und auch kein Beleg. Ein Beweis ist es schon gar nicht. Immerhin gibt die Kirche zudem zu, dass das Geburtsfest willkürlich auf den 25. Dezember eines Jahres gelegt wurde, dem Fest des Sonnengottes Mithras. (Auf Mithras, bzw. den Mithraskult werde ich später noch eingehen).

Auch die Geburtsgeschichte, *„er sei in einem Stall geboren"* erweist sich generell als unhaltbar, denn Ställe gab es in Palästina nachweislich erst einhundert Jahre später und auch die Grotte, die man hilfsargumentativ zum Stall erklärt, gab es nicht. Zu der damaligen Zeit wurden die Tiere auf den Feldern gehalten und anschließend in den Kellerräumen der allseitig umschlossenen Häuser. Selbst der Ort ist umstritten.

Geboren in Bethlehem oder in Nazareth? Oder vielleicht sogar gar nicht? Ketzerei? Oder nur suchendes Nachdenken?

Das, was für den „Normalgläubigen" sicher scheint, ist es für die Experten – selbst jenen Experten der christlichen Kirche – absolut nicht, denn die ältesten Urschriften nennen gar keinen Ort. Die Benennung des Ortes wurde erst viel später hinzugefügt, ebenso wie die Stelle der so genannten Verkündigung an die Maria (Die vorgeblichen Urschriften nennen sie *„junge Frau"*, <u>nicht</u> *„Jungfrau"*. Das ist ein gewaltiger Unterschied, denn das allein rüttelt an einer der tragenden Säulen des Christentums). Wir können annehmen, dass diese Maria etwa zwölf Jahre alt gewesen sein muss, ein für die damalige Zeit übliches Alter der Verheiratung. In einigen orientalischen Ländern ist derartiges noch heute üblich.

(Sheikh Mohamed Saad El-Azhary erklärte gegenüber dem privaten Satellitenfernsehsender 'Al Nas' am 23.11.2012 noch, das es in dem nordafrikanischen Land und insbesondere in den ländlichen Gebieten üblich ist, Mädchen zu verheiraten, sobald sie in die Pubertät kämen).

Doch kehren wir zurück zu dieser „Grabeskirche": Willkürlich wurde eine Kirche über der einzigen Quelle der Gegend gebaut, denn hier musste es gewesen sein... . Der Grund: Keiner. Es gab einfach keinen. Es war reine Willkür. Man beschloss es. *(Übrigens: Das wurde genau so auch von der griechisch-orthodoxen Ausrichtung dieser Religion übernommen).* Kann man nicht einfacher sagen: Die Geschichte wurde angepasst? (Hieronymus grüßt gerade...). Schlichtweg: Man weiß es nichts über die Geburt; belegen kann man schon gar nichts.

Aber in der Bibel steht doch... . Gemach! Dazu kommen wir noch! Und es wird so manchen Leser erschrecken.

Interessanterweise – und dieses ist in diesem Zusammenhang ungeheuerlich, rüttelt es doch an den tragenden Säulen des kirchlichen Gebildes - wird genau das - von mir soeben geschriebene - von kirchlich-offizieller Seite bestätigt und zugleich wird eingestanden, dass man ja für die Pilger Orte braucht, die man zeigen kann. Etwas Greifbares bietet man, damit der Mensch all dies begreifen kann. Was man sieht, das existiert, so argumentiert man, aber warum legt man diesen Maßstab nicht auch auf die Religion in der Gesamtheit an? Es ist einfach nur das Wissen und Kennen und zudem das bewusste manipulierende Kanalisieren des menschlichen Verhaltens. Psychologische Tricks. Mehr nicht!

Zudem: Beschriebene und benannte Zeitabschnitte passen nicht zusammen. Beispielweise:

Herodes war bereits gestorben, jener Herrscher, der den angeblichen Kindermord in der Bibel befahl, für den es nirgendwo belegbare Quellen gibt. Gestorben und zugleich als König benannt. König von Gnaden Roms. Ein Statthalter, mehr nicht.

Oder dies: Jesus., ist er nur eine Fiktion? Eine Kunstfigur des Kirchengründers Paulus, *(zuvor Saulus)*, der einen Mythos, einen belletristischen Drehpunkt benötigte? Eine Figur, um die man herum Geschichten erfand, teilweise aus den Geschichten der Völker übernommen, die in und um Palästina herum siedelten? Das, was

„Normalchristen" (man verzeihe mir diesen Ausdruck bitte, aber ein besserer Name fällt mir nicht ein) jetzt als Ketzerei ansehen werde – eben das gerade von mir Geschriebene – wird jetzt sogar teilweise selbst von der Kirche zugegeben. Natürlich wird nun eine Ablehnhaltung einsetzen:

Das kann doch nicht sein… Was lese ich hier nur…?

Stellen wir doch jetzt eine ganz einfache Frage: Hat Jesus wirklich gelebt? Als Person. Nicht als Mythos. Nun denn:

Wer war die Person Jesus Christus? *(Yeschua ben Yussuf, wenn man es zum Gebiet passend genau sagen will, Jesus ist der umgangssprachliche Name).*

Vorab zur Erläuterung etwas über die *Apokryphen*, denn dieses ist nicht unwichtig. Die **Apokryphen** sind jene Schriften, die nicht in die Bibel und das Neue Testament aufgenommen wurden, weil das darin Stehende das gewollte Bild etwas - sagen wir es mal so - "Unrund" macht. Was nicht in den kirchenoffiziellen Schriften steht, gibt es nicht.. Dieses beschloss man - ganz nebenbei könnte man sagen - so auf dem Konzil von Nicäa, im Jahr 325 n.d. Ztw. *(Ich schreibe bewusst „n.d. Ztw. , also nach der Zeitwende, denn dieses trifft es exakter)*. Dort wurde auch das Kirchenrecht in seiner Urfassung festgelegt, darin dies:

Wer die Beschlüsse anzweifelt, wird als Ketzer angesehen und verbrannt. Das klingt doch sehr nach „Liebe" und „Verzeihen", oder etwa nicht?

Vorläufer hierfür war das Konzil in Antiochia. Dort traf man sich des Öfteren, so beispielsweise in den Jahren 268, 324, 341 und 378, nach der Zeitwende natürlich. Die zu klärende Grundfrage war: Was erzählen wir den Menschen? Zudem wurde der Arianismus verdammt und verboten.

(Böse, aber real: Arianer sind Ketzer, somit: In das reinigende Feuer mit ihnen).

Betrachten wir Jesus *(ich bleibe bei dem gängigen Namen)* philosophisch:

Auf der einen Seite bekomme ich einen nachdenkenden Menschen gezeigt *(dessen Leben extrem viele – übernommene? - Parallelen zu Heilsbringern aus anderen Religionen aufweist)* und dessen Gedanken wir heute als Christentum oder christliche Religion bezeichnen, geschaffen von Paulus, jenem Paulus der als *Apostel Paulus* namentlich bekannter sein dürfte. Also, vielleicht sollte man die Religion statt „*Christlich*" eher „*Paulinisch*" nennen?

Auf der anderen Seite sehe ich eine religiöse Grundströmung, die moralisch-ethische Werte schuf, welche das friedliche Zusammenleben der Menschen schaffen könnte, gäbe es nicht immer wieder immens viele subjektive Auslegungen, Anmaßungen und Missbräuche in Wort und Tat.

Mir persönlich fallen sehr viele Widersprüche auf, aber ich bin kein Religionsphilosoph, sondern eher ein außen stehende Betrachter. Grundsätzlich bin ich der Überzeugung, dass das Handeln des Menschen durch seinen eigenen Willen geprägt wird, beeinflusst durch die Umstände des selbst empfundenen Lebens. Ich glaube nicht einfach, sondern ich versuche zu ergründen und daraus Schlussfolgerungen zu ziehen.

Glauben bedeutet etwas anzunehmen, was ich nicht belegen kann. Das ist der Kern meiner Skepsis. Ich kann mir natürlich die Bibel *(incl. Neues Testament)* vornehmen und sie als das „*Einzige*" betrachten. Das tue ich nicht, denn wenn ich all die religiösen Schriften der unterschiedlichen Heilslehren vergleiche, haben sie etwas gemeinsam: Sie fassen Geschichten und Lebensweisheiten zusammen, die eine Richtschnur sein können. Aber hier entscheidet jeder für sich allein, was er herausliest und zu seinen Gedanken macht.

Letztendlich ergibt all dieses dann unweigerlich die Frage nach dem Schöpfer. Für mich gibt es nicht „*Gott*" oder „*den Gott*", sondern <u>Das Gott</u>, das göttliche Prinzip. Nicht personell, sondern als Gedanken der Schöpfung. Aber hier rutsche ich zugleich in die

Bereiche der wissenschaftlichen Erklärungen ab. Jesus jedoch, ist für mich – religiös betrachtet – nur ein Symbol. Mehr nicht.

Ketzerisch? Häresie? Vor einigen hundert Jahren gewiss, heute jedoch nur das derzeitige Ergebnis meiner subjektiven Überlegungen, die absolut falsch sein können.

Ich bin Agnostiker, wäre ich es nicht, bedürfte ich der Fähigkeit des Denkens nicht. Aber vielleicht finde ich ja dereinst auch einen Weg… . Als Fazit komme ich jedoch zu dem Schluss, dass, wenn man sich anständig verhält *(also im Grunde den Lehren die man Jesu zuschreibt folgt)* dieses auch vom etwaigen Schöpfer akzeptiert wird, wobei ich mich an einen - im Neuen Testament erwähnten - Thomas erinnere, der auch seine Zweifel gehabt haben soll, ohne sich selbst „Christ" zu nennen. Aber ich schweife ab. Wenden wir uns doch nun dem Jesus direkt zu.

Der Jesusmythos

Wenn man historische Quellen unvoreingenommen untersucht, dann stößt man kaum auf den Namen Jesus. Was wissen wir konkret über ihn? Fast nichts. Ich bin jetzt ein Ketzer. Ein Ketzer natürlich im christlichen Sinne. Da ich dieser religiösen Gruppe aber nicht angehöre, bin ich auch nicht in dem Denken dieser Gemeinschaft gefangen. Ich sage:

Jesu lebte vielleicht. Möglicherweise war er einer der vielen Wanderprediger der damaligen Zeit und sonst nichts. Der ihm zugeschriebene Rest ist reine Erfindung! Die Kirche der Christen gründete der ehemalige Saulus, der den römischen Namen Paulus annahm. Aber der Reihe nach:

Die alleinige Quelle zu all diesem ist die *Bibel*, genauer gesagt das *Neue Testament* und ein wenig steht in den *Apokryphen*. Man glaubt dieses zu wissen: Yeschu /Yeschua *(auch Jeschu/Jeschua)* wurde etwa um 4 v. d. Ztw. geboren, war ein Wanderprediger, der ab etwa 28 n. d. Zeitwende in Galiläa und Judäa predigte und etwa im

Jahr 30 oder 31 in Jerusalem gekreuzigt wurde. Die Landfläche des Gebietes der damaligen Zeit belief sich auf etwa 6.000 km², was in etwa der doppelten Fläche des Saarlandes entspricht, oder anders: Knapp der halben Fläche von Schleswig Holstein. Noch genauer gesagt, es entspricht dem Westjordanland. Und das passt sogar. Es ist ein sehr, sehr kleiner Bereich. Vielleicht noch greifbarer:

Eine Fläche von - grob gesagt 75 mal 75 Kilometern. Das war der „Wirkungskreis. Mehr nicht. Oh, das hätten Sie nicht gedacht, nicht wahr? Mehr gibt auch das Neue Testament nicht her, verfasst lange nach der Zeit, die man hier beschreibt. Keine Augenzeugen. Es werden nur Namen genannt, die dabei gewesen sein sollen. Handelnde, wie in einer Geschichte, gleichsam in einem Roman oder besser gesagt in längeren Schulaufsätzen. Gefiltert während des Konzils von Nicäa. Alles andere stammt aus den Überlieferungen späterer Zeit.

Es ist erstaunlich, dass eine so vorgeblich bedeutsame Person (*...bedeutsam maximal innerhalb dieses Fleckchens Erde...*) wie Jesus nicht in den Schriften der Zeit erwähnt wird, zumal die Römer über jedes Weizenkorn Buch führten. Nur sie allein können als Quelle untersucht werden, denn das Christentum gab es noch nicht, es war eine der vielen Kleinsekten, die sich auf den geistigen Weg der eigenen Wahrheitsfindung gemacht hatten.

Erstmals im Jahr 93 n. d. Ztw. erwähnt der Historiker Flavius Josephus im *„Antiquatates Judaicae"* diesen Jesus. Er erwähnt ihn genau zweimal. Das *„Antiquatates Judaicae"* erzählt die Geschichte des jüdischen Volkes bis zum Jahr 66 n. d. Ztw. , schildert Kriege und Auseinandersetzungen und besonders die Zeit des Herodes. (Gaius Iulius Herodes geboren etwa um 73 v. Chr.; gestorben 4 v. d. Ztw. in Jericho) Das Christentum bezieht sich selbst auf das *„Testimonium Flavianum"* und findet darin die Sätze über die Auferstehung und das Jesus der Messias sei. Der Urtext, den uns Mahbub ibn Qustantin *(Agapius)* jedoch überliefert sagt dies: (...) *„...dass zu der Zeit ein Mann war, der Jeschua genannt wurde, einen guten Lebenswandel aufwies und als tugendhaft (gelehrt) bekannt war und viele Leute von* *den Juden und von anderen Völkern als Jünger hatte. Pilatus hatte ihn zur Kreuzigung und zum Tode verurteilt, aber diejenigen, die seine Jünger geworden waren, gaben seine Jüngerschaft (Lehre) nicht auf und erzählten, dass er ihnen drei Tage nach der Kreuzigung erschienen sei und lebe und daher vielleicht der Messias sei, in Bezug auf den die Propheten Wunderbares gesagt haben."(...)* Ein Auferstehungsbeleg sieht anders aus. Ganz anders! Was sagen Sie?

In der zweiten Stelle, in der Flavius Josephus Jesus erwähnt, berichtet er von der Kreuzigung des Jakobus, den er als Bruder des Jesus bezeichnet. Der römische Geschichtsschreiber *Tacitus* schreibt im Jahr 117 von den *„Chrestianern"* und sagt, dass der Lehrenbegründer unter der Herrschaft des Tiberius – auf Veranlassung des Prokurators Pilatus – hingerichtet worden sei. Einen Namen sucht man vergebens. *Sueton* schreibt um 120 - in der Biografie des Kaisers Claudius-, ein *„Chrestos"* hetzte die Juden auf, worauf Claudius diese aus Rom vertrieb.

Das Christentum selbst bezieht sich hauptsächlich auf die Paulusbriefe, sowie auf die vier genehmigten *(kanonischen)* Evangelien, lässt aber das Petrusevangelium *(in „Ichform" geschrieben)*, das Judasevangelium, das Thomasevangelium *(Eine Art Zitatensammlung ohne Geburts- und Endgeschichte)* sowie das „geheime" Markusevangelium *(darin die Beschreibung bisexueller Tendenzen)* nicht als Teil des Neuen Testamentes (NT) zu.

Mehr als auffällig ist, dass in den Paulusbriefen *(ca. zwischen 50-64 n. d. Ztw. entstanden)* fast nichts über Jesus gesagt wird. Paulus lehrt. Nicht Jesus!

Der Name „Jesus" selbst leitet sich von *„Jehoshua"* ab, der Kurzform des jüdischen Gottesnamen JHWH und dem Wort *„jascha"*, was soviel wie „helfen/retten" bedeutet. Ist hier die Basis des Gedankens das Gott zugleich Jesus ist - und umgekehrt - zu sehen? Verquer... Im Deutschen wäre dies vermutlich der Name „Gotthilf". Während sehr viele Schriften und Namen später ins Griechische übertragen wurden, behielt man diesen Namen jedoch bei.

Auffällig ist ebenfalls:

Man weiß nichts über das Wirken des Jesu, außer von den Taten, über welche die genehmigten Teile des NT berichten. Er kam aus dem Nichts; nachdem er im Alter von zwölf Jahren mit Schriftgelehrten gestritten haben soll verschwand er wieder, aber im Alter von 28 Jahren war er auf einmal wieder „da". Für alles andere gibt es keinerlei Belege, nicht einmal über die genaue Geburt, oder das Datum. Das Nichtnennen eben dieses Datums direkt, lässt Skepsis aufkommen. (Auf die eigenartige Geburt gehe ich noch gesondert ein). Der, im Zusammenhang mit der angesprochene Volkszählung *(zu der Kaiser Augustus aufgerufen hatte)* erwähnte, Publius Sulpicius Quirinius wurde erst im Jahr 6 n. d. Ztw. Statthalter Syriens und Judäas. Eine weitere Ungereimtheit.

Der Geburtsort war wohl – wenn die Geburt denn stattfand - Nazareth, zu der damaligen Zeit ein Dorf mit etwa dreihundert, vielleicht vierhundert Einwohnern, wie Ausgrabungen belegen. Um vor Herodes zu flüchten, gab es keinerlei Grund, denn der so genannte „Kindermord" ist nirgendwo historisch belegt, außer in den Schriften der „Chresten", die hier eine Heroisierung ihres Heilsbringers erzeugen wollen. *Dramatisch flüchtet man, lebt in Angst, verbirgt sich. Häscher stellen ihnen nach…. Der Stoff für einen dramatischen Film… .*

Wer einmal eine Landkarte in die Hand nimmt, der sieht, das es von Nazareth hin nach Ägypten rund 350 Kilometer sind, eine Strecke die man ganz bequem in 10 Tagen zu Fuß bewältigen kann. Überhaupt, die in der Bibel genannten Gebiete sind eher im Kleinbereich angesiedelt und der *„Ausländer und Fremde"* ist zu der zeit bereits jener, der mehr als einen Tagesmarsch entfernt wohnt. Oder auch dieses „Emmaus" welches im NT genannt wird, ist innerhalb weniger Stunden von Jerusalem aus zu erreichen. Auf die Flächengröße des Gebietes hatte ich bereits hingewiesen. Durch die damaligen Handelsbeziehungen und den regen Austausch von Waren, wäre eine derartige Tat auch in anderen Landesteilen Roms bekannt geworden. Das ist jedoch nicht der Fall. Es waren kleine

Wege, wenn diese überhaupt gegangen worden sind. Entfernungen im Nahbereich, wenn man es real betrachtet, aber bis in die jüngste Vergangenheit hinein waren Entfernungen anderes als heute zu sehen. Während wir mit den modernen Verkehrsmitteln blind durch die Landschaften rasen, war der Reisepfad früher ein Fußweg, ein Karrenweg, vielleicht ein Reitweg, aber nicht für den einfachen Menschen, der sich ein Reitpferd nicht leisten konnte. Entfernungen waren anders zu sehen. Drei Tagesmärsche brachten den Menschen ins „Ausland" und diese Entfernung zeigte schon eine anders gefärbte Kultur.

Bereits im 2. Jhd. wird berichtet, der Vater von Jesus sei ein römischer Legionär namens *Panthera* gewesen, zu dem Maria eine außereheliche Beziehung gehabt haben soll. Das würde ein gewisses Außenseitertum des Kindes erklären und die Ehe - mit dem als *„Josef"* bezeichneten- ist auch nur in wenigen Worten abgehandelt - er taucht nur am Anfang der Geschichte auf, später nicht mehr. Man geht religiös-historisch jedoch davon aus, er habe einer Seitenlinie des Hauses David entstammt. Jesus selbst sei unehelich geboren und somit nicht erbberechtigt gewesen.

Origines schreibt hierzu: (…)„*Doch wir wollen uns nun wieder zu den Worten zurückwenden, die Kelsos den Juden sagen lässt, zu der Behauptung nämlich, die Mutter Jesu sei von dem Zimmermann, mit dem sie verlobt war, verstoßen worden, weil sie des Ehebruchs überführt worden sei und von einem Soldaten namens Panthera ein Kind geboren habe.*"(…)

Der alexandrinische Philosoph *Kelsos* schrieb: (…) „*Zuerst wirft er ihm vor, dass er sich fälschlich als den Sohn einer Jungfrau ausgegeben habe, er schmäht ihn aber auch, weil er aus einem jüdischen Dorf und von einer einheimischen armen Handarbeiterin abstamme. Er sagt dann, diese sei von ihrem Manne, der seines Zeichens ein Zimmermann gewesen, verstoßen worden, weil sie des Ehebruchs schuldig war. Weiter bringt er vor, von ihrem Mann verstoßen und unstet und ehrlos umherirrend, habe sie den Jesus heimlich geboren. Dieser habe sich dann aus Armut nach Ägypten als Tagelöhner verdungen und dort an einigen Zauberkräften versucht, auf welche die Ägypter stolz seien; er sei denn auch zurückgekehrt und habe sich viel auf diese Kräfte eingebildet und sich ihretwegen öffentlich als Gott bezeichnet."*(...) Rabbinischen/Jüdische Quellen aus der Zeit erwähnen weder Maria noch Jesus.

Kaiser Diokletian ließ sicher - während der von im durchgeführten Christenverfolgung - *(jede Religion, die sich gegen die römische Staatsreligion wandte wurde verfolgt, nicht nur die Christen)* unter anderem auch sicherlich jene (sich als dessen Verwandte ausgebende oder benannte Angehörige des Jesus) verhören, da er in ihnen, so es stimmt, – durch die davidische Abstammungsverwandtschaft - eine politische Gefahr sah. Diese Annahme stellte sich als unbegründet heraus.

Die Geburt des Jesus zeigt eine mehr als deutliche Übereinstimmung mit der Geburt des ägyptischen Horus auf, eine Mystifizierung um „das Besondere" darzustellen:

Hier zum Vergleich:

>> Empfängnis:

Horus: Durch eine Jungfrau

Jesus: Durch eine Jungfrau

>> Mutter:

Horus: Meri

Jesus: Miriam (Maria)

>>Pflegevater:

Horus: Jo-Seph

Jesus: Joseph

>> Geburtsort:

Horus: Höhle.

Jesus: Höhle/Stall

>> Ankündigung:

Horus: Durch einen Engel

Jesus: Durch einen Engel

>> Zeichen:

Horus: Stern Sirius

Jesus: Stern im Osten

>> Zeugen der Geburt:

Horus: Schafhirten

Jesus: Schafhirten

>> Weitere Zeugen:

Horus : Drei Sonnengottheiten

Jesus: Drei Weise/Sterndeuter

>> Taufe

Horus: Eridanus. (30 Jahre alt)

Jesus: Jordan (30 Jahre alt)

>> Getauft von:

Horus: Anuph dem Täufer (später enthauptet)

Jesus: Johannes dem Täufer (später enthauptet)

>> Lebensgeschichte:

Horus: Keine Angabe ab dem 12. Lebensjahr

Jesus: Keine Angabe ab dem 12. Lebensjahr

>> Versuchung:

Horus: Durch Set auf einem Berg in der Wüste, er widersteht

Jesus: Durch Satan auf einem Berg in der Wüste, er widersteht

>> Anhänger

Horus: 12 Jünger

Jesus: 12 Jünger

>> Wunder:

Horus: Ging über Wasser, trieb Dämonen aus, heilte Kranke, machte Blinde sehend, erweckte Tote

Jesus: Ging über Wasser, trieb Dämonen aus, heilte Kranke, machte Blinde sehend, erweckte Tote

>> Rede:

Horus: Bergpredigt

Jesus: Bergpredigt

>> Tod:

Horus: Kreuzigung (neben zwei Verbrechern)

Jesus: Kreuzigung (neben zwei Verbrechern)

>> Nach dem Tod:

Horus: Auferstehung nach drei Tagen

Jesus: Auferstehung nach drei Tagen

>> Titel:

Horus: Der Gesalbte

Jesus: Der Gesalbte

>> Namen:

Horus: Hirte, Menschensohn, Lamm Gottes, Fischer

Jesus: Hirte, Menschensohn, Lamm Gottes, Fischer

Sehr, sehr viele Gleichheiten und Übereinstimmungen, nicht wahr? Hier wurden Grundideen übernommen, eine Religion erfunden, eine Person mystifiziert und als Symbol instrumentalisiert, durch eben den Kirchengründer Paulus, der sich dabei an den Mythen des Kulturraumes bediente. Es bleibt nichts von der „*Gottheit*", es bleibt nur eine angepasste Geschichte, die den Menschen eine moralisch-ethische Richtung zeigt. Mehr nicht.

Etwaige Gegen-Begründungen durch „*aber, in der Bibel steht*"… haben in diesem Zusammenhang die Beweiskraft wie „*In den Geschichten der Brüder Grimm steht...*". Auch hier verweise ich erneut auf <u>Hieronymus</u>. Es geht hier um historische Tatsachen, nicht um etwaige Annahmen. Ich lasse mich gerne mit belegbaren Fakten widerlegen!

Wir sind zeitmäßig sehr weit von den Ereignissen entfernt und können nur auf das greifen, was in den gefundenen Quellen zu lesen ist, das uns die archäologische Forschung belegt und letztendlich daraus die Schlüsse ziehen. Der Beiname der Isis ist Meri, sie wird auch als Isis-Meri benannt. *(Selbst Isis nähert sich phonetisch dem Jesus).* Es geht jetzt gerade allein um das, was belegbar ist, die Lehre ist hier zweitrangig. Auch eine fiktive Person kann eine Lehre verfassen, deren Aussagen positiv zu werten sind, wenn sie es denn sind.

Es gleicht - so erscheint es - einem historischen Ereignis, welches "verfilmt" wird. Der Mensch sieht das, was er auf der Leinwand sieht und hält es für wirklich, weil er es ja "sah", also indirekt "dabei" war. Das ist nicht so; es ist nur ein Abbild, welches visualisiert wurde. Die Realität kann eine andere sein. So ist es auch hier: Man nimmt das was man kennt, mischt das, was man selbst möchte hinzu und heraus kommt eine Eigensicht, die sich der eigenen Wirklichkeit annähert, sie in eine bestimmte Richtung lenkt oder erzeugt etwas mit dem man etwas bezwecken will.

Das ist jedoch belanglos. Fakt ist: Wir wissen fast nichts, kennen nur diese Erzählungen, für die es weder Dokumente, Urkunden, Rechnungsbücher oder sonstige Bezeugungen gibt.

Es geht nicht den Mythos.

Es geht nicht um Religion.

Es geht nicht um Glauben.

Es geht darum historische Belege zu finden, die das Behauptete begründen, außerhalb der religiösen Gruppe, die sich auf ihn beruft. Da sieht es eher sehr dürftig aus. Es ist so, als erzähle ich Ihnen etwas über Asatru und meine Aussagen werden als Beleg genommen ein Donnergott schwinge den Hammer. Das tut er nicht, es sind nur Mythen und geschaffene Bilder.

Was mir gerade in den Sinn kommt, ist das wohl bekannteste Gebet der Christen. Das *„Vater unser…“*. Die Christen sagen, Jesus habe es gesprochen. Nun, zu jener Zeit sprach man in Judäa Aramäisch und als Quelle gibt es nur das so genannte *„Neue Testament"*, dort konkret bei Lukas und Matthäus, geschrieben wurde es jedoch in der griechischen Sprache. *(Die ältesten bekannten Schriften sind die Paulus-Briefe, etwa um das Jahr 50 nach der Zeitwende geschrieben)*. Das Problem:

Von Jesus selbst ist gar nichts überliefert, alles was ihm angedichtet wird, wurde später geschrieben. Schrieb er nichts auf? Konnte er nicht schreiben? Konnte er nichts sagen oder schreiben, weil es ihn gar nicht so gab, wie er dargestellt wird? Was ist mit den Quellen? Es gibt nur das *„Neue Testament"*. Sonst gar nichts!

Und das NT ist ein Schriftsammelsurium, welches, wie wir wissen, beim Konzil in Nicäa so angepasst wurde, wie man es brauchte. Und so etwas halte ich eher für zweckdienlich, als für neutral belegbar.

Etwas Grundsätzliches: Das mythische Denken entstand vor rund 100.000 Jahren durch den Neandertaler, der seine Toten begrub. Dieses neandertalische Denken wurde von Homo sapiens übernommen. Dort ist die Wurzel zu finden. Jedoch: Der Neandertaler war nicht so primitiv, wie es oft gedacht wird. *(Er erfand z.B. die Flöte aus Knochen).* Nur, er lebte in der Zeit des erwachenden Bewusstseins und suchte Antworten. Diese Antworten können wir heute geben. Hm...Können wir es, oder versuchen wir es nur?

Sich jedoch an dieses Findungsdenken zu klammern gleicht dem Verhalten, im Notfall keinen Arzt aufzusuchen, sondern einen archaischen Schamanen.

Und doch:

Wir leben ewig. Jeder. Du stirbst, zerfällst, wirst Partikelmaterie, die wieder von anderen Lebewesen aufgenommen wird und so einen Teil dieses anderen Lebens schafft. Der Kreislauf geht weiter und der singende Vogel - im Baum vor meinem Fenster - ist zugleich weitestgehend ein Teil von meinen Vorfahren und der Deinen... Aber auch von denen anderer Menschen und anderer Lebewesen. Hier sehe ich eine große Verwandtschaft, von allen hin zu allen. Wir, die Menschen sind nichts anderes als Teil des *"Ganzen"*, ein riesiger verwandter Organismus. Letztendlich auch ein Teil des *"göttlichen Gedankens"*. Die Germanen benannten es als *"das Gott"*. Nicht auf die Person bezogen, sondern als das göttliche Prinzip. Und so befinde ich mich mit einem Teil des eigenen "Ichs" in Asgard, während ein anderer Teil gen Eden strebt und wieder ein weiterer Teil dem Nirwana zufliegt.

Komplex. Allumfassend.

Deshalb widerspreche ich der christlichen Religion in dem Sinne, da ich auch den Tieren eine Seele zuspreche, selbst Kleinstlebewesen wie Mikroben. Sie sind ein Teil von uns. Verwandt, nur in einer anderen Form des Bewusstseins. Nur das Bewusstsein einer Bakterie kann ich nicht ergründen. Und schon habe ich mich in Gedankengängen des Buddhismus wieder gefunden... Aber was ist es schon, diese „Seele"?

Ein Lebensfunke der uns unser Selbst bewusst sein lässt, oder eben das, was ich soeben beschrieb, das immer und immer weiter durch die Lebensformen getragen wird, die Form der Unsterblichkeit, weil unsere Stofflichkeit zugleich Lebensbasis für ein anders Wesen ist? Wir nähern uns hier dem Gedanken der Wiedergeburt an.

Denken Sie doch ein wenig darüber nach, vielleicht finden SIE die Antwort. Es würde mich freuen.

Aber ich schweife schon wieder ab. Das ist unvermeidlich, wenn man sich in die Komplexität dieser Materie begibt. Ach, lassen sie mich ihnen von Mithras erzählen. Ich schweife ja gerade eh ab. Auch Mithras gehört zu dem Konstrukt welches wir „Religion" nennen:

Der Sonnengott **Mithras**, der **Mithraskult**.

(Indirekt ist es auch eine Teilgeschichte von „Konstantin dem Großen", einem der Kaiser eines der vier Teilgebiete des Römischen Reiches, in welches man das Imperium unterteilt hatte. Das wussten Sie nicht? Macht nichts, das ist in diesem Zusammenhang auch unwesentlich).

Was ist das nun, dieser Mithraskult? Und was hat das mit dem Christentum zu tun?

Die Kulthandlungen fanden in den Mithräen statt, unterirdische Räumen, deren gewölbte Decke den Himmel symbolisierte. In der Raummitte stand zumeist das Abbild des Mithras, der einen Stier tötet.

Mithras selbst, darüber gibt es unterschiedliche Theorien, wird aus einem (in einem) Felsen in die Dunkelheit hineingeboren. Aber er hat eine Fackel und ein Messer in der Hand. Kleidung trägt er nicht, er ist nackt. Nach seiner Geburt isst er die Früchte von einem Baum, gewinnt Erkenntnis und Kraft *(Kommt das bekannt vor...?)* und kämpft alsbald mit der Verkörperung des Bösen, den Gehörnten, hier dargestellt durch einen Stier. Diesen Stier, also das symbolisierte Böse, sperrt er ein. Dann zieht Mithras weiter, besiegt den Sonnengott Sol *(Heli-os-Sol)* und erhält dessen Strahlenkrone *(Ur-*

sprung des Strahlenkranzes der Heiligen, zu denen ich auch noch kommen werde). Er befiehlt Sol auf einer festgelegten Bahn über den Himmel zu fahren und reicht ihm die Hand zum Frieden. Sol schlägt in die gereichte Hand ein.

Zwischenzeitlich ist das Böse *(der Gehörnte/Stier)* aus seiGer gefangenschaft entwichen, neudeutsch: Er ist ausgebrochen. Sol, zugleich auch der Wächter über die Welt bemerkt es und schickt Rabenboten zu Mithras, der den Gehörnten stellt und ihn nun tötet. Aus dem toten Körper des Gehörnten entsprießen nun Pflanzen, aus dem Blut das Wasser, aus dem Samen des Gehörnten die Lebewesen. Dadurch wird Mithras zum Schöpfer der Welt. Eine ähnliche Geschichte, in abgewandelter Form, erzählt die germanische Edda durch und mit dem Riesen Ymir.

Aber auch das erste Menschenpaar ist nun entstanden. Die - aber gleichfalls entstandenen - Bösen Mächte versuchen das Leben zu vernichten und so ist Mithras im ständigen Streit mit und gegen die symbolisch anzusehende Dunkelheit. Die Menschen flehen Mithras um Hilfe an, als eine Trockenperiode herrscht. Er schlägt einen Pfeil in einen Felsen und Wasser ergießt sich daraus *(Das gleicht dem Wasser in der Wüste in der Geschichte des Moses. Ich erzähle Ihnen noch davon).* Die dunklen Mächte ziehen sich zurück und Mithras gibt den Menschen Frieden. Er selbst steigt in den Sonnenwagen und begleitet Sol auf dessen Bahn, die Erde bewachend.

Die Mysterien des Mithraskultes wirken archaisch, soweit man das an den Funden belegen kann.

Was man weiß, ist dieses: Um in den Kult einzutreten, muss man eine Aufnahmezeremonie durchlaufen, Initiation genannt. Der Initiand muss die Lehren des Mithras erlernen. Danach erst wird die Taufe vollzogen, aber zugleich probte man in dieser Zeit des Lernens die Selbstkasteiung. Um die Lehren voll zu verstehen, musste der Initiand sieben Weihestufen durchlaufen, welche durch Symbole gekennzeichnet waren.

Die erste Stufe stellte der „Rabe" (*Corax*) dar, es folgen Schlange (*Nymphus*), Skorpion (*Miles*), Löwe (*Leo*), Perser (*Perses*), Sonnen-läufer (*Heliodromus*) und letztendlich Vater (*Pater*). Der Pater war zugleich der Stellvertreter Mithras auf der Erde. *(Ist Ihnen schon einmal die Zuordnung von Tieren bei den Aposteln oder Evangelisten aufgefallen? Was glauben Sie, von welchem Kult das übernommen wur-de...?Na?).*

Rituell aß man in der Gemeinschaft Brot und Wein; das Brot sym-bolisierte die Körperlichkeit und der Wein das Blut als Lebenssaft. *(Das klingt dem Christen vertraut, nicht wahr).* Zugleich nahm man - so sah man es - eine göttliche Energie oder Kraft in sich auf. Das ist eher als Mysterium zu sehen, denn jede Religion benötigt zur Fas-zination auch etwas Mystisches.

Man erwartete von den Anhängern aber auch das Einhalten gewis-ser erlernter Regeln, der Ethik und der Moral. In der Nachfolge Mithras sollte man auch Gutes tun und dem Bösen trotzen, um im Himmel vielleicht weiterleben zu können. Der Mithraskult stellte nur die Möglichkeit in Aussicht, das Christentum jedoch versprach es jedem.

Sowohl Christentum als auch Mithraskult sind Religionen die sich auf die *„Erlösung"* stützen. Dieses ist der Kerninhalt der beiden Lehren.

> Beide Religionen verlangen von den Mitgliedern Einhaltung von Regeln und eine ethisch-moralisch einwandfreie Lebensführung, in der Nachfolge von Mithras oder Jesus.

> Beide Religionen verkörpern das Licht; der Mithrastag war der 25. Dezember *(nach heutigem Kalender)*, die Christen übernahmen die Terminierung.

> Beide Religionen praktizieren die Taufe.

> Beide Religionen verwenden das Kreuzsymbol, das Mithrassym-bol ähnelt dem Monogram des Christus.

> Beide Religionen entstammen dem gleichen Großkulturkreis.

> Beide Religionen kennen das *„Leid auf sich nehmen"*, Jesus trug ein Kreuz, Mithras das Böse *(Gehörnter /Stier)* in eine Höhle.

> Beide Religionen lassen die Probanden eine Aufnahmezeit durchlaufen *(Kommunion/Konfirmation bei den Christen)*.

> Beide Religionen verwenden rituel-symbolisch Wein und Brot.

> Beide Religionen expandierten zur gleichen Zeit.

Nun werde ich - in diesem Zusammenhang - ein wenig historisch: Wie das Christentum, hat auch der Mithraskult seine Ursprünge im Vorderasiatischen Raum. Beide Kulte gleichen sich sehr.

Die Hethiter bereits erwähnen einen so benannten Gott, etwa um 1300-1500 vor der Zeitwende. Das Wort leitet sich vom altindischen *mitra* ab *(Die „Mitra" ist zugleich auch die Kopfbedeckung christlicher Bischöfe, einstmals ein Stirnband)*, was in etwa mit Pakt oder Bündnis übersetzt werden kann *(Auch Moses schloss ein Bündnis. Ach, über ihn erzähle ich auch noch etwas. Später)*.

Zu der Zeit nannte man den höchsten Gott in dem kulturellen und geographischen Gebiet *Ahura-Mazda*, der im ständigen Kampf gegen das Böse steht, symbolisiert durch den dunklen Herrscher Ahriman *(dessen Büste Rudolf Steiner – Gründer der Walddorfschulen – nachbildete)*. Da Mithra ebenfalls im Kampf stand - auf der Seite des Lichtes - wurde er allmählich auch mit dem Licht gleich gesetzt. Licht bedeutete in archaischen Zeiten zuerst einmal „Sonne". Und da die Sonne am Tag zu sehen war, folgerte man daraus, auch sie sieht alles was geschieht. Mithras wurde so der Allsehende Gott, der in einem Wagen über das Firmament fuhr, gezogen von vier hellen Pferden. Aber trotzdem war er nicht der oberste Gott des Kulturkreises. Dieses blieb Ahura-Mazda.

Etwa um 800-1000 vor der Zeitwende drifteten die Kulturen des vorderasiatischen Raumes auseinander. Gab es früher noch die Einheit mit dem heutigen Bereich Pakistan/Indien, so änderte es sich nun. In Indien entwickelte sich der Hinduismus und Mithras behielt dort seine Position nur noch als eine Art „Helfergott". Im westlichen Bereich, dem heutigen *(Persien)* Iran/Irak/Syrien, wurde Mithras als der oberste Gott verehrt.

So wie die Sonne die Dunkelheit vertreibt, so sah man darin auch den symbolischen Kampf gegen die Finsternis. Die Stammesfürsten und späteren Könige riefen ihn um Beistand an und auch die Krieger, die sich zu Soldaten entwickelt hatten. Mithras wurde ihr eigener Schutzgott, so wie es in der christlichen Religion Heilige gibt, welche unterschiedliche Hilfsbereiche abdecken und die man dann betend anrief. Durch die kulturelle Verschiebung, kamen aber auch andere Einflüsse hinzu, welche sich mit den religiösen Vorstellungen vermischten. Besonders der persische Bereich (Zarathustra) war hier bestimmend. Mithras verlor seine führende Position und wurde erneut der Helfer des Ahura-Mazda. In den Texten des Zoroatrismus wird Mithras immer noch erwähnt. Im Awesta werden Mithras und Ahura-Mazda sogar mit den gleichen Beschwörungsriten angerufen.

Die Chaldäer besaßen bereits ein in sich geschlossenes Glaubenssystem, als sie - ab etwa 700 vor der Zeitwende - den vorderasiatischen Raum beherrschten. Bestimmend waren hier vor allem die Astronomie und dazu die Astrologie. Im Reich der Perser wurde Mithras endgültig der Schutzgott der Soldaten. Es gibt auch alte Schriften die nachweisen, dass sich die Könige Xerxes und auch Darius auf diesen Gott bezogen. So unbedeutend kann er somit nicht gewesen sein. Da sich nun aber die Herrscher auf den Gott bezogen, billigte man ihm zugleich die gedachten Herrschereigenschaften zu: Edelmut, Großzügigkeit und Heldenmut.

Wie wichtig diese Gottheit war, sieht man auch daran, dass der siebte Jahresmond nach ihm benannt wurde und zugleich auch der 15. Tag (einige Forscher nennen den 16. Monatstag) eines jeden Monats. Diese Tage waren Feiertage und wurden mit Festen und Riten begangen.

Bedingt durch die Bedeutung der Himmelskunde, wurde Mithras auch als Sonnensymbol weiter aufgewertet. Aus der ehemaligen regionalen Gottheit ist die Mithrasreligion Schritt für Schritt entstanden. Verbreitet wurde die Religion durch Sterndeuter, welche zu der Zeit den Kulturraum bereisten. Die Religion war so im Volk verfestigt, das nach dem Zerfall des Perserreiches, diese Glaubensrichtung noch immer existent war. Durch die Eroberungszüge Alexanders von Makedonien (der „Große" genannt), kam es im Vorderasiatischen Raum nun zu einer Verschmelzung mit den Gedanken der griechischen Welt („hellenistische Welt" genannt). Man setzte Mithras dem Gott Apoll gleicht, welcher in der hellenistischen Welt die Sonne verkörperte und band ihn - durch Apoll – in die philosophische Weltbetrachtung ein. Da die Sonne zugleich auch Spender des Lebens ist, sprach man ihr auch Heilkraft zu, somit auch der Gottheit. Aus dem reinen Sonnengott wurde der Lebens und Heilbringer.

Doch es gab nicht nur das jetzt rasch zerfallende Reich Alexanders, sondern im Westen schwang sich eine neue Macht empor: Rom, eine Macht, deren einzige Existenzgrundlage die Expansion zu sein schien.

Plutarch berichtete, das Seefahrer (Seeräuber?) die Mithrasreligion nach Rom gebracht hatten. Besonders bei den – in Legionen organisierten – Soldaten fand eine Gottheit Anklang, die als unbesiegbar galt. So wurden sie zugleich auch die Missionare dieses Kultes. Durch die permanenten Feldzüge der Legionen, verbreitete sich auch die Religion im Land, sei es im Kernland oder in den eroberten Gebieten. Besonders in Gallien (Frankreich) und im Bereich der Donau-Nordgrenze sind sehr viele Mithräen gefunden worden, jene unterirdisch geschaffene Versammlungsorte. Aber auch die Sklaven Roms nahmen diese Religion sehr oft an.

Der Römische Staat akzeptierte diesen Kult nur widerwillig, tat es aber doch, da man die Legionen benötigte. Kaiser Commodus *(161-192 n.d. Ztw.)* war der erste Herrscher Roms, der sich öffentlich zu dem Kult bekannte. Der Grund: Er empfand sich selbst als der wiedergeborene Gott Mithras.

Als nun aber bereits der Kaiser diesem Gott (- eigentlich sich selbst -) huldigte, zogen weitere Gesellschaftsschichten nach. Es wurde modern, dem Mithras zu opfern, ja, es schien, als würde er den anderen Gottheiten alsbald den Rang ablaufen. Das sich parallel dazu entwickelnde paulinische Gedankenbild, welches wir unter dem Namen „Christentum" kennen, war eher eine Religion der Unterschicht, der Habenichtse, die mit dem Versprechen auf eine Belohnung nach dem Tod, ihr Schicksal leichter und klagloser erduldeten.

Aber Religion hat zugleich auch immer etwas mit Macht zu tun. Nicht so sehr vom Gedankenkonstrukt, sondern von der praktischen Überlegung des Machterhaltes her. Da Unmengen von Legionären dem Mithras huldigten, dem Symbol ihres Siegeswillen und der Unbeugsamkeit, waren nun auch die Kaiser und die obere Herrschaftsschicht gezwungen, sich mit dem Glauben zu arrangieren, denn Soldaten benötigte man dringend und auch existentiell man um eben die eigene Macht zu erhalten. Rom sah sich als Herr der Welt an, arrogant und sehr intolerant. Auf andere Kulturen und Völker sah man herab.

Ich vermute: Das ist eine Grundeigenschaft die sich in Imperien entwickelt. Vielleicht kann man es auch Selbstüberschätzung und Großenwahn nennen, denn dieses Verhalten ist zugleich die Saat zur der Zerstörung des eigenen Großreiches. Die Historie kennt viele Beispiele dafür. Eines dieser in sich zerfallenen Imperien ist eben Rom. Zerfallen aus der sich ausbreitenden Morbidität. Aristrokratisch geführte Reiche der Neuzeit belegen diesen Niedergang ebenfalls.

Aber zurück zu Mithras: Zugleich sah man aber auch etwas Verlockendes in ihm. So wie Mithras sich zu einem monotheistischen Gott entwickelt hatte, so wollten auch die Kaiser sein: Das Abbild des Gottes auf Erden, dabei strahlend wie die Sonne selbst.

Kaiser Commodus setzte den - ebenfalls existierenden- Sonnenkult des El-Agabal dem Kult des Mithras gleich und es vereinigten sich diese beiden Glaubensströmungen. Kurzerhand wurde Mithras von ihm auch noch über die anderen Götter gesetzt, so dass er nun zum alles beherrschenden Gott wurde: Ein Obergott Mithras, auf Erden als Commodus wandelnd... Jedoch die dem Mithras zugebilligte unbesiegbare Stärke war auch zugleich sein Untergang.

Das Reich der Römer brach nicht erst dadurch zusammen, das die Hunnen das Reich der Gepiden vernichteten und die Flüchtenden nach Westen drängten und so die Völkerwanderung auslösten, sondern das Reich zerfiel bereits wesentlich eher. Das Jahr 375 n.d. Ztw. ist nur ein Fixpunkt. Dauernde Aufstände versetzten Rom in einen permanenten Kriegszustand. Ebenso gingen Gebiete verloren, die den Glauben an die Unbesiegbarkeit dieses Gottes bezweifeln ließen.

Verheerend war die Niederlage im Bürgerkrieg, als der spätere Kaiser Konstantin *(unter dem Kreuzbanner kämpfend)* das Heer des Licinius *vernichtete (unter dem Sonnenbanner des Mithras kämpfend)*. Sinnbildlich gesehen hatte das Christentum, welches sich ebenfalls weiter ausgebreitet hatte, gesiegt. Kaiser Theodosius *(geboren 347, gestorben 395)* erhob später das Christentum zur Staatsreligion und alle anderen Kulte wurden gänzlich *(zynisch: In christlicher Toleranz...)* verboten.

Aber, warum setzte sich das Christentum durch und nicht der Mithraskult? Beide bekämpfen das Böse, beiden fußen im Grunde auf einem Bund Mensch-Gott und beide sind monotheistisch. Der Fehler und zugleich der Hauptgrund des Unterganges ist aber ein anderer: Der Mithraskult schloss Frauen aus, Sklaven sah man eher ungern. Er war allein Männern vorbehalten. Dadurch begrenzte man sich selbst.

Die Grundaussage des Mithraskultes war aber auch die Unbesiegbarkeit. Gemeint waren das Leben und das Licht, aber die Menschen in ihrer Beschränktheit, bezogen es sogleich auf sich persön-

lich und die Siege auf den Schlachtfeldern. Als es militärische Nie-
derlagen gab, diese immer öfter eintraten und immer mehr Rand-
provinzen aus dem Römerreich brachen, brach auch die religiöse
Zuversicht weg. Letztendlich war – nach dem Sieg Konstantins –
das Christentum die bevorzugte Religion, denn in der so genanten
Brückenschlacht gegen Maxentius *(am 28. Oktober 312 an der Milvi-
schen Brücke, heute Ponte Milvio)* hatte das Kreuz gesiegt.

*(Eine kurze Information zu Kaiser Konstantin, geboren etwa zwischen
260-277, gestorben 337: Er war – nach dem Tod des Kaiser Galerius (311)
einer der herrschenden Gebietskaiser. Durch seine Abstammung - sein
Vater war Kaiser Maximian - stammend aus Pannonien, 260-310 - bean-
spruchte er die alleinige Herrschaft. Es kam zum Bürgerkrieg. Maxentius
ertrank bei dieser Schlacht im Tiber. Konstantin sah darin ein Gotteszeichen. Menschen glauben an Symbole und dieses Symbol war augen-
scheinlich siegreich).* Ein weiterer Fakt: Der Mithraskult war religiös-
tolerant. Neben Mithras durfte man unbesorgt weiteren Göttern
Opfer. Das Christentum verbot es sofort.

Und: Hätte Konstantin nicht gesiegt, gäbe es heute das Christentum vielleicht als unbedeutende Sekte, zumindest nicht in der nun
bekannten Form.

Wenn wir bereits so schön abschweifen, aber uns immer noch im
Thema befinden, werde ich mich nun der Sintflut zuwenden. Immerhin eines der bildhaftesten Ereignisse der Bibel. Sie sehen: Bibel, Neues Testament, Historie und Mythen vermischen sich.

Die Sintflut

Ea/El, der Gott der Menschen in Mesopotamien, spricht zu Utnapishtim, es werde eine Flut geben und dass er sich ein Boot
schaffen solle. (El= Einzahl, Elohim= Mehrzahl)- So beschreibt es
das Gilgamesch-Epos (Gilgamesch, der sagenhafte König von
Uruk, in Mesopotamien gelegen) und zugleich lesen wir darin über

die Größe der Arche, dass das Boot mit Pech gedichtet sei und dass Tiere mit an Bord genommen worden seien.

Diese Worte kommen Ihnen gewiss bekannt vor, erinnern sie uns doch an die Geschichte von Noah und der Arche, die – davon gehe ich aus – in einem christlich domestizierten Gebiet bekannt sein dürfte. Ja:

Es ist die Geschichte des Noah, denn aus dem Gilgameschepos wurde sie abgeschrieben und zu den Schriften der Bibel gefügt. Auch der Name des Gottes „El" entstammt dem Gilgamesch-Epos. Als man, in der Mitte des 19.Jhd., die Palastbibliothek von Ninive ausgrub, stieß man auf diesen Text und war erstaunt, denn die Keilschriften sind wesentlich älter als die Bibel und weisen zugleich sehr große Gleichheiten und Übereinstimmungen auf, die man so auch in den eingeordneten Texten der Bibel findet.

Ich werde nun hier die Gleichheiten darstellen, so wie bereits zuvor mit Horus und Jesus geschehen. Das Wort "Sintflut" in unserer Sprache stammt aus dem Germanischen. "Sinfluot": *Sin* = Groß, gewaltig, *Fluot* = Fliessen/Füllen.

Vergleich

Genesis (GE) zum Gilgamesch-Epos (GIL)

>> Ausdehnung der Flut

GE: Überall

GIL: Überall

>> Ursache

GE: Bosheit der Menschen

GIL: Sünde der Menschen

>> Zielgruppe

GE: Alle Menschen

GIL: Eine Stadt und alle Menschen

>>Wer schickte die Flut

GE: Jahwe (Hebräische Urschrift: Die Elohim! Nicht Jahwe!)

GIL: Rat der Götter

>> Name des Helden

GE: Noah aus Ur

GIL: Utnapishtim aus Ur

>> Charakter des Helden

GE: Rechtschaffen

GIL: Rechtschaffen

>> Art der Ankündigung

GE: Vision

GIL: Ein Traum

>> Sollte ein Schiff gebaut werden

GE: Ja

GIL: Ja

>> War das Schiff unterteilt

GE: Ja

GIL: Ja

>> Gab es Türen

GE: Ja

GIL: Ja

>> Gab es Fenster

GE: Ja

GIL: Ja

>> Abdichtung

GE: Pech

GIL: Pech

>> Form des Bootes

GE: Länglich-eckiger Kasten

GIL: Eckig/Würfel/Quader

>> Menschen

GE: Familie

GIL: Familie und einige andere

>> Tiere

GE: Alle Arten

GIL: Alle Arten

>> Woher kam das Wasser

GE: Flut

GIL: Flut

>> Wie fand man nach der Flut Land

GE: Durch Vögel – (Rabe und Taube)

Gil: Durch Vögel – (Rabe – Taube – Schwalbe)

>> Wo landete das Schiff an

GE: Berg

GIL: Berg

>> Zubereitung von Opfern nach der Anlandung

GE: Ja

GIL: Ja

>> Fand danach eine Segnung statt

GE: Ja

GIL: Ja

(Quellen: Gilgamesch-Epos, Bibel – Originaltext,…hier siehe jedoch Hieronymus…-)

Das, was hier beschrieben ist, ist der Bericht einer lokalen Überflutung. Menschen suchten nach Deutungen und erfanden die Geschichte. Und es ist auch eine Geschichte des Zorns, der Rache und der Vernichtung. Ist es nicht der Gott der Liebe den man uns predigte… Oder ist es doch der Gott des Zorns?

Das Ende droht in religiösen Sichtweisen immer, denn Angst ist eine probate Sache zur Beherrschung von Menschen. Sei es (H)armageddon, Ragnarök oder der Sommerschlussverkauf.

Wir erinnern uns einfach einmal an das Jahr 2012. Der Mayakalender endete und somit kam auch das Ende der Welt über uns. Es kam nicht…denn: Die Mauer zur Beschriftung war voll gekritzelt, der weiterführende Text ist auf einer anderen Mauer zu lesen.

Zynisch? Na, es wird hart. Ja, denn für mich hat all dies den gleichen Stellenwert. Phantasiegebilde, ebenso glaubhaft wie das Unterwasserreich Nemos, die Hohlwelt, oder die Welteislehre. Obskure Gedanken, niedergeschrieben und von Anhängern geglaubt. Nur, wenn solche Phantastereien von vielen geglaubt werden, wird es kritisch. Massenwahn ist die Bezeichnung und schwer heilbar.

Natürlich trachtet und sucht der denkende Mensch danach das Sein zu verstehen, aber müssen es Phantasiegebilde sein, oder das bewusste Aussuchen irgendeiner Offenbarung?

„Am Anfang schuf Gott Himmel und Erde…usw."… Also ist es ein Teiluniversumsgott, nur für die Erde zuständig, eine Art Filialleiter? Na, besonders beeindruckend ist es dann ja nicht, wenn man

das Universum in völliger Gänze sieht. Glaubt man mir, wenn ich nun offenbare: >> *Am 30. März. 2222 geht die Welt unter.* << Nein? Warum nicht? Ich habe es doch geschrieben .Gut, ich kann das auch im Stil der Bibel schreiben, das wäre nicht schwer, aber für so etwas die Zeit opfern? Nein! Nun, man kann jetzt sagen, man habe eine persönliche Erfahrung oder Begegnung mit Gott oder einem Engel oder was es da so an Hilfstruppen gibt, gehabt. Den Kontakt mit einem unsichtbaren *Wesen (Wie? Wirklich gesehen? Oh, das ist arg…)* hatte auch der Autor Elwood P. Dowd und er nannte ihn Harvey….und es war ein Hase… . Erinnern Sie sich? Lächerlich? Nein, ein Selbiges, wie an ein Überwesen zu glauben.

„Gott ist tot! Gott bleibt tot! Und wir haben ihn getötet." sagt Nietzsche und meint damit das Göttliche, nicht diesen imaginären Gott. Das Göttliche ist jedoch die reine Menschlichkeit. Ist dieses zu komplex? Nun, ohne ein wenig nachzudenken wird man die Problematik wohl nicht verstehen. Gott ist nicht zornig. Gott ist ein Gedankengespinst. Aber bleiben wir doch einmal kurz bei der Annahme, es wäre so. Da wir uns ja nun in einem religiösen Thema befinden, bringe ich doch auch sogleich mal dies:

(…)Burkhard Müller, Superintendent i.R., hat in der Woche vom 19. bis 24. September 2011 im Deutschlandfunk Morgenandachten zum Thema „(Keine) Allmacht Gottes" gehalten. In suggestiver Sprache erklärt er den Hörern, dass er sich „klar gegen die Almacht Gottes entschieden" habe und dass sie ihm darin folgen sollten, denn sein Glaube an Gottes Allmacht sei an der Ermordungvon Juden im „Dritten Reich" zerbrochen.(…)

Ich verstehe ihn. Aber da ich ja wohl ein Heide bin, fehlt mir wohl zugleich der unkritisch-alles-glaubende Blick. Na gut, ich habe lieber Klarsicht und so schauen wir doch mal kurz in das *„Buch der Bücher"* hinein. Das ist natürlich für jeden Menschen ein anderes Buch, in der Jetztwelt zumeist das Sparbuch *(es lohnt sich derzeit nicht)* oder aber das Scheckbuch *(sofern man keine Kreditkarte besitzt)*. Jedenfalls etwas Pekuniäres. Ich meine in diesem Fall natürlich die Bibel, aber das bedeutet übersetzt ja auch nur „Buch". Und da ja dass das „Wort" Gottes sei, muss ja alles darin stimmen... Leider sehr widersprüchlich, was man da so findet... Schauen wir doch einmal; einige Beispiele sollten genügen. Ich nehme hier die Lutherbibel zur Hand.

2. Moses 20.5

Bete sie nicht an und diene ihnen nicht. Denn ich, der HERR, dein Gott, bin ein eifriger Gott, der da heimsucht der Väter Missetat an den Kindern bis in das dritte und vierte Glied, die mich hassen;

Hesekiel 18,20

Denn welche Seele sündigt, die soll sterben. Der Sohn soll nicht tragen die Missetat des Vaters, und der Vater soll nicht tragen die Missetat des Sohnes; sondern des Gerechten Gerechtigkeit soll über ihm sein.

Ja, was denn nun ???

1. Chronik 21,5 ....und gab die Zahl des gezählten Volks David. Und es waren des ganzen Israels elfhundertmal tausend Mann, die das Schwert auszogen, und Juda's vierhundertmal und siebzigtausend Mann, die das Schwert auszogen.

2. Samuel 24,9 Und Joab gab dem König die Summe des Volks, das gezählt war. Und es waren in Israel achthundertmal tausend starke Männer, die das Schwert auszogen, und in Juda fünfhundertmal tausend Mann.

Oh, leicht verzählt ???

2. Timotheus 3,16 Denn alle Schrift, von Gott eingegeben, ist nütze zur Lehre, zur Strafe, zur Besserung, zur Züchtigung in der Gerechtigkeit,

Hebräer 7,18 Denn damit wird das vorige Gebot aufgehoben, darum dass es zu schwach und nicht nütze war.

Wäre eine Festlegung nicht sinnvoller???

2. Samuel 24,1 Und der Zorn des HERRN ergrimmte abermals wider Israel und er reizte David wider sie, dass er sprach: Gehe hin, zähle Israel und Juda!

1.Chronik, 21,1 Und der Satan stand wider Israel und reizte David, dass er Israel zählen ließe.

Es ist schon_interessant, welchen Namen dieser Gott auf einmal hat, oder???

Das reicht wohl, oder? Verzählen, Unklarheiten, Gott oder Satan? Oder ist es etwa nur eine Person?

(Drastisch und auch blasphemisch: Erschien dem Johannes Faust gar nicht Mephisto, sondern Gott ...?) Wenn so ein Kleinkram in der Bibel nicht einmal richtig „redaktionell" bearbeitet wurde, was soll man dann von der Offenbarung halten?

Nicht vergessen: >> Am 30.03.2222 geht die Welt unter.<< Ich habe es offenbart und geschrieben!

Zu der **Offenbarung** *(das klingt für mich nach „Offenbarungseid")* gesellt sich eine Grundansicht:

Um das alles zu glauben, muss ich von der göttlich-personalen Existenz überzeugt sein. Das bin ich nicht, denn dieser Gott, der hier propagiert wird ist ein Konglomerat verschiedener Stammesgötter, war als Jahwe zuvor einst weiblich (Kanaan) und mutierte dann zum Mann. In der Jetztzeit des Genderwahns eigentlich sogar passend…Pardon, ich werde wieder zynisch…

Da stand im Götterpass dereinst noch "Hewa" *(oder so ähnlich, als Heide kenne ich mich mit dem Milliarden Göttlichkeiten nicht so aus, oder wer kann mal rasch alle Namen der afrikanischen Stammesgötter aufsagen...?)*, aber so etwas ändert man rasch. Religionen nehmen das wohl nicht so genau, wenn es der eigenen Macht dient? *(Aus meiner aggressiv-humanistischen Sicht heraus betrachtet. sollte er dann schon androgyn sein).* Na, immer so, wie man es gerade braucht und so stelle ich der Offenbarung mal eine Grundsicht entgegen. Eine (anti)religiöse Sicht. Na, dann mal ran an die >>Offenbarung, gemeinhin besser bekannt als die „**Apokalypse**".

Satirischer Einwurf: „*Und wahrlich ich sage euch, am dritten Tag nach dem Vollmond begann der Wind zu wehen und Goldstücke fielen vom Himmel, so dass das Volk IHN pries und die Arme gen Himmel streckte. Und so gingen sie hin und sammelten das, was ER ihnen zugedacht hatte und teilten es mit den anderen.*" *Apostel Scharlatanus, Kapitel 3, Vers 6*

So, das steht jetzt da, also: „ER" hat das gemacht. Also muss es geglaubt werden, ich kann es bezeugen...

Drastisch:

Ich streite erneut die Existenz des so allgemein bekannten Jesus generell ab, denn der Beamtenstaat Rom, *(der jedes Weizenkorn auflistete)* wird Jesus (gern auch Joshua, Jeshua usw.) gar nicht erwähnt Er existiert nicht.

Er existiert seit den Tagen, als Saulus zum Paulus wurde und das Christentum erfand. Vielleicht als Folge der Erleuchtung, als er in Damaskus krank nieder lag. *(Böse: Oder kam die Erleuchtung als er möglicherweise aus dem Korb fiel, als er sich über die Stadtmauer verdrückte...ich hoffe, Sie kennen die Geschichte, aber in diesem Zusammenhang hier ist sie nebensächlich.)* Gemach! Paulus hat gelebt. Das ist belegbar, Belege über Jesus gibt es aber nicht, außer den Worten, die sich da so widersprüchlich in den Schriftsammlungen finden. Nicht von ihm, sondern von anderen Schreibern verfasst.

Allein dies, dass das angebliche Todesurteil über Jesus *(Kreuzigung)* falsch ist *(Gotteslästerer wurden gesteinigt)*, ist ein gravierender Fehler, der dem Autorenteam unterlief. Also wurde er wegen etwas anderem verurteilt? Hm.... Vielleicht Aufruhr? Schwamm drüber, ein Kreuz macht sich optisch besser, als einen Steinhaufen auf einen Altar zu legen. Man muss dem Volk optisch etwas bieten, Showeffekte sind wichtig. Und dass das ganze Geburtsszenario mal locker aus der ägyptischen Mythologie abgeschrieben wurde, verschweigt man auch besser, denn sonst käme man ja noch auf die Idee, zu Horus zu beten. Diese Pfründe waren jedoch schon vergeben und als man dann später locker den halben Mithraskult einarbeitete, da war die Marktlücke geschlossen. Dann die Texte noch ein wenig auf den Konzilen revidieren und fertig war die Bibel. Eine Argumentation aus diesem Schriftwerk ist - gelinde gesagt – albern. Fakten sind nicht zu finden, nachprüfbar ist nichts und die verbale Flucht (sinngemäß), das man „glauben" solle ist die Argumentation des Nicht-Wissens. Glauben ist lediglich eine Annahme. Eine Behauptung, die nicht belegbar ist.

Und Nietzsche? Nun, er hat gelebt und sogar selbst geschrieben. Zwar nicht in aramäisch, aber immerhin. Und ihn auf einige Schlagworte zu reduzieren *(zumeist „irgendwo gehört")* ist ebenso zu sehen, wie sich die gewollten „Wort-Rosinen" aus der Bibel zu picken. Vergleicht man die Werke sieht man bei Nietzsche einen durchgängig-philosophischen Faden, in der Bibel sieht man Fehler, Gewalt, Völkermord, Inzucht, Willkür und Übernahmen aus anderen Religionen.

Ich empfehle: Die Bibel als das sehen was sie ist, eine Sammlung zusammen gesuchter, schlecht geschriebener Schriften, die zugleich die Basis für Ausbeutung, Unterdrückung und Völkermorde wurde.

„Ja, aber" sagen Sie jetzt vielleicht, *„die Bibel ist doch Gottes Wort".* Sagen wir es mal anders *(auf das Buch als solches gehe ich hier jetzt gerade nicht ein).* Es besteht durchaus die Möglichkeit, durch das Lesen von Texten Denkanstösse zu bekommen. Das Lesen ist gut, ganz gleich was es, denn es schafft Informationen herbei. Das Lesen eines Straßenschildes gibt mir eine Information, das Lesen einer Gebrauchsanleitung ebenfalls, selbst ein Schundroman erreicht dies, denn der Schundroman macht mir klar, was ich künftig eben nicht lesen sollte.

Zurück zum Thema:

Wenn ich die Bibel einfach einmal ganz profan als „Gebrauchsan-weisung" ansehe, angefüllt mit einer Menge Geschichten, dann kann ich daraus auch etwas entnehmen.

Ich meine nicht die langweiligen, mich nervenden Genealogien, sondern ich sehe darin Geschichten aus archaischer Zeit, die ir-gendwer *(wohl eher mehrere „Irgendwer"….)* irgendwann aufge-schrieben hat und dabei seine (beschränkte) Ausdrucks und -Schreibfähigkeiten anwandte… Und indem man dort Fabeln ein-baute *(La Fontaine arbeitete literarisch ähnlich)*, Figuren erfand, die darin handeln *(um Zeitabläufe zu komprimieren und sie so den einfa-chen Menschen begreifbar zu machen)* , so erzeugte man und tut es noch heute beim Leser eine Gedankenrichtung.

Nein zwei Gedankenrichtungen sind es. Zustimmung und Distanz. Ablehnung will ich gar nicht sagen, denn als Außenstehendem fließen gedanklich in das Lesen eines solchen Textes zugleich auch die Informationen ein, die man im Lauf des Lebens gesammelt hat. Das ist es konkret, was mich stört:

Die vielen Fehler, die als Wahrheit verkauft werden, das Über-nehmen ganzer Inhalte aus anderen Kulturen, Kulten und dies dann als Eigenarbeit auszugeben. Also, die Arbeit für einen Dok-torhut wäre das nichts… Belanglos… Was ich sagen möchte ist dieses:

Als der Kodex von Hammurabi *(Herrscher von und in Babylon, so etwa 1750 v. der Zeitwende, - für die Puristen: 1.750 v. Chr.)* in wörtlich anders formulierter Form – inhaltlich nicht - als die bekannteren *„Zehn Gebote"* in den Schriften auftauchte, war dieses ein Entwick-lungsschritt. Ob das jetzt die Kunstfigur Moses war oder ein wan-dernder Dattelverkäufer, ist nebensächlich, denn durch diese Rege-lung war ein Allgemeinrecht geschaffen worden. Das gab es wo-anders auch schon, aber in diesem speziellen Gebiet eben noch nicht. Genauer gesagt:

Die wandernden Nomadenstämme hatten jetzt eine Richtlinie. Um ein staatliches Gebilde zu schaffen, bedarf es – neben Land und Menschen- auch einer Rechtsnorm, um das Gebilde zu verwalten und ihm Struktur zu geben. Wenn nun diese Gebote dazu beitragen, beim Leser das Nachdenken über Gut und Böse einsetzen zu lassen, ist es gut. Wenn es dazu beiträgt, den Buchstaben Federstrich für Federstrich zu folgen, ist es eben nicht gut. Es gleicht dem Verhalten eines Autofahrers, der an einen Stoppschild in der Wüste anhält und nicht weiter fährt. Er darf es ja nicht, denn - aus seiner beschränkten Sicht gesehen - steht dort ja dieses große „STOP." Er wird verhungern und verdursten. Er fragt nicht was es ist, schaut nicht und erkennt die Funktion nicht.

Genauer: Er hat die Gebrauchsanweisung der Straßenverkehrsordnung überhaupt nicht verstanden. So ist es auch mit der Bibel. Wird es Tintenklecks für Tintenklecks befolgt *(Hallo! Nicht tun: Inzucht, Mord und die anderen „üblen Sachen" aus der Bibel sind aus gutem Grund gesetzlich verboten!)* ist man gar nicht in der Lage zu verstehen, was man da liest. Sucht man sich jedoch Beispiele heraus, kann das in Lebenssituationen helfen. Ich empfehle jedoch eher eine wissenschaftliche Bildung und das Denken als solches. Das ist effektiver.

Aber noch einmal zu diesem Gott: Gott – oder auch Götter – gibt es in Massen. Blasphemisch gesagt: Von der „Heiligen Bratpfanne" bis zum „Unsichtbaren Supergott". Menschen suchen Halt und greifen nach dem, was ihnen Halt und Antworten verspricht, dieses ähnelt übrigens der „Autosuggestion".

Wer es nicht kennt: Eigentraining, dem Unterbewusstsein beizubringen an etwas zu glauben, um so eine - subjektiv empfundene – Eigenmanipulation durchzuführen. Sinnvoll in Krisensituationen.

Antworten sind dann gut, wenn sie sich mit dem Erwarteten decken, fallen sie unerwartet aus, kommt es zu einer Gegenreaktion. Ich spreche generell von den Menschen, nicht von einzelnen Menschen. Und die Menschenmasse ist: Manipulierbar, egoistisch, ungebildet, konsumsüchtig und dumm. Ein Aufschrei? Ja.

Gut! Denn es war gerade ein Weckruf!

Wenn nun dieser Fetisch, den man Gott nennt, jemandem hilft, ein anständiger Mensch zu sein, dann ist er prima. „ER", der fetisch! Dann könnt ihr ihn euch an die Wand hängen, ihm einen Winterschal stricken oder was „Gläubige" *(Ein Lexikon erklärt es: Es sind* <u>*Nichtwisser*</u>*)* sonst so tun. Wenn aber die humanistische Bildung dazu beitrug und beiträgt, dass ihr euch anständig benehmt, dann braucht ihr das nicht. Dann könnt ihr mir einen Schal stricken. Wenn dieser Fetisch aber dazu beiträgt zu glauben, man habe die alleinige Kenntnis von allem und müsse Menschen drohend bekehren, dann ist es nicht gut!*

(Der „*" kommt in einigen Sätzen später wieder. Suchen Sie jetzt nicht danach).

Das Wort „Gott" wurde zum Beiläufigen, das „göttliche Prinzip" zur exakteren Begriffsfassung. Damit kann auch ein Nichtchrist leben, denn ist es nicht der Anspruch der Religionen eben dies zu tun: Zu vermitteln? Ein lieber Gott, ein Gott des Verständnisses *(ich nenne es mal „Gott")* ist sinnvoll, dem gebe ich gerne meine Hand, aber ein inquisitorischer Gott, diese „zornige Gott" vermittelt nicht. Dieser „zornige Gott" kann mir gestohlen bleiben... Kreuzweise! Halleluja! Oder besser noch: Hölleluja!

Ich erinnere mich in diesem Zusammenhang gerade an die Penetranz der so genannten *"Pilgerväter"**, die man Anfangs des 17.Jhd. aus England rausgeworfen hatte, um vor solchen Fanatikern seine Ruhe zu haben.

 * *Wer sich mal kurz über die "Pilgerväter" informieren möchte, der...:*

Ach, ich füge es hier einfach einmal ein, obwohl es nicht so leicht und locker werden wird, wie man es gemeinhin darstellt. Vorsicht, ich werde sehr, sehr sarkastisch und zynisch.

>>> Die Pilgerväter <<<

Die Pilgerväter... ein hehrer Name für eine Gruppe verbohrter religiöser Fanatiker. So friedlich wie sie sich geben, war der Haufen nicht. Und die Übersiedlung nach Amerika geschah keineswegs freiwillig; die Namen dort lebenden Ureinwohner, umgangssprachlich der indianischen Stämme, habe ich nicht im Kopf. Leider.

Als Königin Elisabeth I. die Krone trug, sammelten sich diese puritanischsten Puritaner (Kalvinismus in extremster Form) und wollten den Staat nicht als Oberhoheit akzeptieren. Allein das was in der Bibel stand (- und wie sie es auslegten-) war ihr Gesetz.

Elisabeth I. starb und James der Erste bestieg den Thron (1603) glaubten sie, ihre obskuren Vorstellungen durchsetzen zu können. Das konnten sie nicht, denn der König hatte keine Lust, sich auf der Nase herumtanzen zu lassen. Kurzerhand jagte man den Haufen aus dem Land. Die religiöse Heimat sollte nun Amsterdam werden, also schiffte man über, aber 1620 hatten auch die Niederländer die Nase gestrichen voll von ihren ständigen Belehrung, ja, man hatte sie satt und warf sie ebenfalls raus.

Haben wollte die Gott-Erleuchteten kein Land und so segelten sie über den Atlantik, ab nach Amerika. Dort sollte nun das Paradies entstehen. Europa atmete auf, als sie die Plagegeister endlich loswurden. Zuvor segelten sie jedoch nach Südengland und nahmen weitere Glaubenseiferer mit sich, aber wie das so ist: Die Bibel kennen sie, die Schifffahrt nicht. Es wurde ein förmlicher Schlag ins Wasser, man musste ein Frachtschiff anmieten – die Mayflower – und segelte in geringer Zahl ins „gelobte Land". Den Platz auf dem Schiff mussten sie sich mit Glücksrittern teilen, die ebenfalls ins Paradies wollten, jedoch um irdische Güter zu gewinnen.

Ursprünglich eplant war eine Anlandung am Fluss Hudson, aber extrem „ausgereifte" Navigationskenntnisse und Stürme trieben sie nach Norden ab. Knapp 200 Kilometer um genau zu sein. Also ging man an Land, stöberte ein wenig herum, klaute den Indianern das

Saatgut für das Folgejahr (den Stammname habe ich leider vergessen), betrachtete es als Gottesgeschenk und bauten sich Unterkünfte, dort, wo heute Plymouth steht. Dass sie dort Gräber fanden, interessierte sie auch nicht. Immerhin hatte ihr Gott sie ja hierher geführt. Aber, es waren Seuchengräber und als der Winter vorüber war, lebte nur noch knapp die Hälfte der Pilgerväter. Die Seuche hatte einen großen Teil der der dort beheimateten Indianer hinweggerafft und diese suchten nun Verbündete in ihrem Zwist mit einem anderen verfeindeten Indianerstamm. *(Ja, erneut ein vergessener Stammname. Die frommen Menschen schrieben ihn nicht auf. Er war ihnen zu unwichtig).* Kurzerhand sandte der Häuptling des Gebietes einen Botschafter, jemanden, der bereits Kontakt mit den Engländern hatte und einige Brocken der Sprache konnte.

Genauer: Er war in früheren Jahren geraubt, nach England verschleppt geworden und vor einiger Zeit mit anderen Siedlern zurückgekommen. *(Er mochte die Engländer übrigens nicht. Sein Name ist überliefert, er hieß Sqanto).*

Man wollte Medizin, denn dass das die Weißen haben, hatte sich wohl herumgesprochen. Dusselig wie sie waren, hatten die gottbeseelten Pilgerväter von Feldwirtschaft keine Ahnung *(...solches steht ja nicht in der Bibel...)* und ohne die Hilfe der Indianer waren sie nicht einmal in der Lage, Mais zu anpflanzen. Das Saatgut, welches man mitgebracht hatte, war entweder verdorben oder gegessen worden. Dass sie das geklaute Saatgut der Indianer verwendeten, sah man ihnen nach, denn im Austausch dafür gab es Messer und Allerlei was man eben so aus Europa mitgebracht hatte. Jedenfalls lebte man einige Zeit recht friedlich zusammen.

Die Indianer lehrten sie das Land zu bestellen, besorgten Fleisch und Felle, die Pilgerväter ...machten irgendwas, wahrscheinlich beten... Jedenfalls schien man ihnen nicht zu trauen, denn sie mussten den *Natives (richtiger Name für die "Indianer", sie nennen sich heute selbst so)* eine Geisel stellen, damit der Frieden bewahrt blieb.

Etwas, was man wissen sollte:

Die Indianer hatten eine Art „Geld". Es nannte sich *Wampun*, aufwendig hergestellte Perlenkette mit Flechtwerk. Als sie nun aber Eisenbohrer von den Pilgervätern bekamen, war die Herstellung nicht mehr so schwierig, es ging schneller und … der Wert der Wampun verfiel. Inflation. Ein Wampun entspricht in etwa dem heutigen Wert von 1.500 Dollar, in Euro umgerechnet sind das…Ach, ich kenne den Tageskurs gerade nicht.

Die Hauptware waren Biberfelle. Ganz Europa war wild darauf. Man brauchte mehr Felle, man wollte mehr Felle. Und man besorgte sie, bald gab es kaum noch Wild.

Rund zehn Jahre nach der Anlandung, kamen etwa 1.000 weitere Pilgerväter aus England. Man hatte sie in Boote gesetzt und ein freundliches *„Lasst euch hier nie wieder sehen"* hinterher gerufen, wobei man die Faust wohl drohend in die Luft streckte. Aber: 1.000 Menschen sind aber mehr als fünfzig fast verhungernde Menschen, die als Pilgerväter angelandet waren.

Man freute sich über die Ankunft der christlichen Brüder und Schwestern, verbreitete das Christentum und die Pocken, Indianer starben.… Ein freudiger Ausruf: *"Gott hat das Land von den Wilden gereinigt"* (…aha…es beginnt!) und man machte sich breit, gründete Dörfchen, - eines davon wurde die spätere Stadt Boston - und weitere Siedler kamen. Mehr und mehr. Europa schickte die Eiferer und all das Gesindel* welches man loswerden wollte einfach nach Amerika. In dieser Zeit tobte in Europa der 30-jährige Krieg. Ebenfalls teilweise von religiösen Fanatikern geführt… man, was müssen die Puritaner erst für Typen gewesen sein, wenn man die loswerden wollte, - eben in so einer Zeit!

* *(Der Schriftsteller J. Fernau nennt sie in „Halleluja, die Geschichte Amerikas" ausdrücklich „die Pest").*

Jedenfalls besiedelten bald so an die 20.000 Menschen das Küstengebiet. Und viele Menschen brauchen viel Land. Was macht man nun? Wie löst man dieses Probleme?V or allem: Wie löst man es schnell und zum Vorteil aller. Mit „aller bzw. allen" sind natürlich nur die gottesfürchtigen Männer und Frauen gemeint, denen der Herr in seiner – so dachten sie – Güte all dieses gegeben hatte. Nun, man handelt so, wie man schon immer handelte:

Man bringt Gottes Wort, Pulver und Tod zu den Indianern, rottet mal eben einige Kleinstämme aus, singt Halleluja und preist den Herrn, der ihnen das Land gab. Die ermordeten Frauen und Kinder des so genannten „Pequotkrieges", die man einfach abschlachtete, sangen nicht mit. Es wäre auch schwerlich möglich, denn sie befanden sich auf dem Weg in die „ewigen Jagdgründe", in welche man sie gottgefällig geschickt hatte.

Und die Indianer, die den Pilgervätern einst geholfen hatten? Na, was soll ich sagen? Es waren halt nur Indianer... Wilde. Sie hatten gefälligst den Willen der Engländer zu befolgen, jenen gottesfürchtigen Frauen und Männern. Und wer es nicht tat... nun Gottes Hand richtete sie. Und sie waren diese Hand. Oh, das gefiel diesen primitiven Wilden nicht? Dann muss man es ihnen beibringen... Es kam zum Krieg und die Indianer verloren ihn.

Ihr hehren Pilgerväter, kniet nieder und preiset... „Halleluja!", preist eueren Gott, der euch das Land gab, gesegnet mit verspritztem Blut unter dem Gesang eurer Kirchenlieder. Die toten Indianer können nicht mehr preisen, denn ihr habt sie ermordet, getötet, vergiftet und erschlagen. Ihr habt sie ausgerottet. Der Begriff Genozid, sagt Ihnen etwas? Hier erleben wir ihn. Gottgefällig, mit Chorälen unterlegt. Ja, all das klingt doch sehr fromm und gottgefällig, nicht wahr? Oder übergeben sie sich gerade? Ich kann es verstehen.

Lassen wir uns nun aber wieder zum eigentlichen Thema zurückkommen.

Wenn man sich in dem religiösen Labyrinth bewegt ist es sehr verwirrend. Dann kommt man an einer Sachlage kaum vorbei, der Sachlage die man als „Trinität" bezeichnet. Umgangssprachlich eher als „*Dreiheit*" oder „*Dreifaltigkeit*" bekannt. Ich mache mir hier einmal einige Randgedanken zu dem Thema und nenne es:

„Gedanken zum katholischen Trinitätsansatz"

…und werde bestimmt wieder einmal abschweifen. Das Thema lässt andere Wege auch gar nicht zu. Sehen wir es einfach als die Vielfalt der Gedanken an, denn „*Ein weites Feld ist sie*", diese orientalische Religion.

Schauen wir doch einmal, was im *Paraschat Bereschit* steht, denn letztendlich ist das Christentum nichts anderes als eine Abspaltung vom Judentum. Die Basis ist selbige. *Tanach* wird sie genannt und abgeschrieben wurde kräftig. (*Ebenfalls am Rande: Auch Moses ist eine merkwürdige Gestalt, dessen Wunder allesamt wissenschaftlich erklärbar sind. Er ist eine der tragenden Gestalten dessen was wir heute als Glaubensgrundsatz ansehen).*

Moses

Ich habe ihn soeben erwähnt und nun bin ich ja auch in der Erklärungspflicht. Ich mache es einmal locker und verständlich. Und plaudere erneut. Neben Informationen soll dieses Buch auch etwas Unterhaltsames geben, obgleich - bei all dem Blut, welches wir noch sehen werden – oder sahen – ist dieses eher als zynische Bemerkung zu sehen). Es geht hier nur um die Klarheit einer Sache, sofern man das bei Religionen klären kann.

Moses rettete die Israeliten aus der Knechtschaft der Ägypter, sprach mit seinem Gott „*Jahwe*" (JHW), der ihm dabei die zehn Gebote in die Hand drückte, wanderte in der Wüste herum, um dann letztendlich das gelobte Land (Kanaan) zu besiedeln. (*Kanaan ist der Name für das Gebiet zwischen der Meeresküste und dem östlich gelegenen Jordan, südlich begrenzt vom Toten Meer, nördlich vom See Genezareth. Es liegt etwa 300 km vom heutigen Suezkanal entfernt. Für diese Wegstrecke benötigte Moses – samt seiner Gruppe - also etwa 40 Jahre….)* Kurz gesagt ist es das, was einem beim Namen „Moses" zumeist einfällt. Vielleicht erinnert man sich auch noch daran, dass er in einem kleinen Körbchen am Nilufer gefunden wurde und später eine prima Position am Hofe des Pharaos bekam. So war es... War es so?

Wer die Orte bereist und sich mit den alten Quellen beschäftigt, sieht die Wunder des Moses mit eigenen Augen: In der Wüste das Wasser an Felsen, man isst Manna und auch der brennende Dornbusch fehlt nicht. Sank ich in den Wüstenstaub, ergriffen? Nein, ich – schüttle nur den Kopf, dass sich auf derartige Normalitäten eine Religion begründen konnte. Das Thema ist sehr komplex und vielleicht springe ich ein wenig. Nicht die Stirn runzeln, die Bibel springt schließlich auch thematisch.

Der Wüstenzug des Moses wurde erst später niedergeschrieben, ist also kein zeitgenössischer Bericht. Hinzu kommt: Die Bildung von Religionselementen lässt sich erst etwa 800 Jahre nach der Niederlassung in Palästina nachweisen. Selbst die Person „Moses" selbst erweckt Zweifel, denn - obwohl er eine hohe Position in Ägypten innegehabt haben soll – ist der Name in absolut keiner ägyptischen Schrift vermerkt, einem Staatssystem, welches ungezählte Schreiber beschäftigte und in dem über jeden Wasserkrug Buch geführt wurde. Auch in den syro-palästinensischen Aufzeichnungen, Inschriften, selbst in den Keilschriften, gibt es den Namen einfach nicht.

Herodot, der etwa 500 vor der Zeitwende lebte, erwähnt mit keiner Silbe den Namen, obgleich es der Gesetzgeber gewesen sein soll, aber Herodot berichtet über Atlantis, welches noch älter sein soll. Der ägyptische Geschichtsschreiber *Manetho (er hat etwa 300 vor der Zeitwende gelebt)* kennt den Namen auch nicht. Diodorus Siculas nennt Moses nur „Gesetzgeber", mehr nicht. Auch Ausgrabungen an den unterschiedlichsten Orten bringen kein Licht ins Dunkel. Keine Scherbe mit dem Namen Moses taucht auf, nicht der kleinste Fund.

Das Auffällige jedoch ist die Geburt des Moses: Sie ist absolut identisch mit der Geburt *Sargons*, dem einstmaligen Herrscher von Assur *(etwa 2800 vor der Zeitwende)*. Hat man hier vielleicht einfach abgeschrieben, ältere Texte oder Geschichten übernommen?

Der Psychoanalytiker Sigmund Freud befasste sich ebenfalls mit dem Thema. In der Abhandlung *„Der Mann Moses und die monothe-istischen Religionen"* erwähnt er, das alle Kulturvölker zur Helden-verehrung neigen. Besonders die Geburt wird stets ausgeschmückt, denn ein Held kann ja nicht einfach so geboren werden. Auch be-sondere Taten in der Jugendzeit werden oft erwähnt. Freud kommt zu dem Schluss: *„Moses ist ein – wahrscheinlich vornehmer – Ägypter, der durch die Sage zum Juden gemacht werden soll."* Soweit Freud... Und zugleich auch peinlich. Ein Ägypter als Religionsstifter?

Doch was ist mit dem Namen?

Moses leitet sich vom ägyptischen *„msi"* ab. Das bedeutet nichts anderes als *„gebären"*, umgangssprachlich auch *„Kind"*. *(Man könnte es auch als „Der Geborene" ansehen)*.

Philo von Alexandrien *(er lebte um die Zeitwende herum)* sieht in die-sem Kind noch den Thronerben, also ist er wohl doch ein Ägypter. Eine Verwandtschaft zu Aaron wird nicht erwähnt. *(Ich verweise gerade auf die Schriften die in die Zeit der Anfänge des Christentums gehören)*.

Daraus dies: Als Moses älter wurde, nahm er eine dunkelhäutige Kuschitin *(in etwa das heutiges Äthiopien)* zur Frau und tötet einen Aufseher. Das bekommt der Pharao mit, wird sauer und schreibt Moses zur Fahndung aus, wie man es heute wohl sagen würde. Moses verschwindet, hin zu den Midianitern, heirat dort noch Zip-pora, die Tochter des Priesters Jethro *(auch Horab oder Reguel ge-nannt)* und wird Hirte. Moses wurde angeblich 120 Jahre alt und starb – den Erählungen nach - am Berg Nebo *(im heutigen Jordani-en)*. Das Grab hat man nie nicht gefunden.

Die Ägypter kannten keine Israeliten. Die Völker des Ostens wur-den Semiten genannt. Umgangssprachlich bezeichnete man sie als *„Sandläufer"*. Die erste Kennung finden wir im Jahr 1190 vor der

Zeitwende. Die Wandernomaden der „Schasu-Stämme" werden in dieser Zeit schriftlich erwähnt. Die Ägypter beginnen Schutzwälle zu bauen. In den Schriften steht *"...die Asiaten kamen um den Bauern die Ernte zu schädigen und die Gespanne beim Pflügen zu rauben."*

Historischer Einwurf / Rückblick: Etwa um 1700 vor der Zeitwende eroberten die - immer noch rätselhaften – Hyksos Ägypten und brachten den Streitwagen, sowie Pfeil und Bogen mit. Ihre Herrschaft währte etwa 200 Jahre lang.

Aber da gibt es ja noch die Halbinsel Sinai. Was war daran so interessant?

Seit alters her sind dort Minen bekannt, in denen Erze und Edelsteine gefunden werden. Ägyptische Aufzeichnungen sprechen von Minen, in denen bis zu 1400 Menschen beschäftigt wurden. Das ist eine organisatorische Glanzleistung, denn Nahrung und Wasser, Geräte und Dinge des täglichen Bedarfs mussten herbeigeschafft werden. So öde und leer, wie es die Bibel beschreibt, war die Gegend nicht... Auch der kulturelle Stand war alles andere als primitiv zu bezeichnen.

Der Engländer *Flinders Petrie* entdeckte im Jahr 1905 Felsritzungen: Das Alphabet. Es war keine Bilderschrift mehr, sonder die Darstellung von Lauten durch Zeichen (Alpa = Rind, Beth = Haus usw.) Diese Zeichen übernahmen die Philister, eine aus dem Norden kommendes Volk, welches später in den Phöniziern aufging; nach ihnen übernahmen es die Griechen.

Nun aber einmal zu den <u>Midianitern</u>, die ich bereits erwähnte: Dieses Volk opferte und huldigte den Schlangen. Wenn wir uns nun die biblische-märchenhafte Verwandlung eines Stabes in eine Schlange, durch Moses, vor Augen führen, verstehen wir vielleicht auch, warum im Tempel von *Jerusalem (bis zur Zerstörung durch Hiskia, 716-687 vor der Zeitwende)* den Schlangen geopfert wurde. In der Bibel finden wir die Schlange als Symbol des Bösen. Warum es gerade dieses Tier ist, ist historisch immer noch nicht geklärt.

Die Midianiter lebten in der syrisch-arabischen Wüste. Es waren Nomaden mit Herden und sie trieben zugleich etwas Handel. Die Weidegebiete zogen sich bis zum Sinai hin. Wenn also dort Tiere geweidet werden konnten, war es keine öde Gegend. Der Gott der Midianiter hieß Jahwe, JHW oder auch nur El. Selbst in der Bibel ist nachzulesen, dass dieser Gott erst mit Moses zeitgleich auftaucht. Zuvor war er in dieser Form unbekannt.

Jethro, der Schwiegervater des Moses unterweist ihn in die Riten und zeigt ihm die Beschneidung. Diese Beschneidung wurde kurz vor der Pubertät vorgenommen. Später wurde sie auf den achten Tag nach der Geburt gelegt. Der Name Jahwe findet sich auch einmal in der Kriegsliste des Pharao Amenophis *(1402 -1364 vor der Zeitwende)*.

In *Kuntilla Adschrud* wurden Krugfragmente ausgegraben, auf denen Inschriften zu lesen sind. Sie verweisen auf eine Göttin namens Aschera. Sie gab es neben Jahwe. Peinlich wurde es, als man Aschera-Inschriften auch noch im Gebiet des heutigen Israel entdeckte. Also doch keine monotheistische Religionsgrundlage? Vielgötterei, Schlangenkult, männliche und weibliche Gottheiten? Moses übernahm noch etwas von den Nomaden: Man bestrich die Hauspfosten mit dem Blut geopferter Tiere, dies soll ein Symbol des Glückes sein. Ein Blutkult?

Doch wenden wir uns nun den Wundern bei Moses zu.

Beginnen wir mit dem Tanz um das *„Goldene Kalb"*. Es ist kein Wunder, sondern eine Merkwürdigkeit. Moses, zusammen mit seiner Schar, ist in einer heillosen Flucht, schleppt lieber Gold statt Wasser durch die Wüste und man jammert dauernd herum, man habe Hunger und Durst. Dieses *„Goldene Kalb"* kann auch heute noch besichtigt werden. Es handelt sich um eine ocker bis goldig scheinende Felsgruppe, die nahe bei dem Katherinenkloster auf dem Sinai liegt. Der Fels sieht aus wie ein niederkniendes Kalb

(Rind) und bietet Schutz gegen Sandstürme. Machte man Freuden-
tänze, als man endlich Schutz fand?

Tipp: >> Einfach einmal im Internet die Bilder ansehen.

Moses machte derweil eine kleine Bergwanderung und sah den
brennenden Dornbusch. Ihn gibt es. Lateinisch heißt das Gewächs
„Colutea istia". Es ist eine Pflanze, die selbst ätherische Öle erzeugt,
die bei großer Hitze durch die Kraft der Sonne entzündet werden.
Dabei verpufft es auch ein wenig. Wer es noch nie sah, wird gewiss
an ein Wunder glauben. Nach dem Brand bleibt allein das Gerippe
des Strauches übrig. Es sieht aus wie ein „Dornenbusch".

Dann gab es noch das „Manna".Aus Erfahrung kann ich sagen:
Essbar und es schmeckt sogar. Es ist das Sekret der Tamarisken-
bäume, welches durch die Sonne verharzt und zu kleinen Kugeln
erstarrt. Die Beduinen verwenden es noch heute als Ersatz für den
Honig. (Chemisch bestehend aus Glucose, Fructose und Pektin).

Aber Felsenwasser? Natürlich. Jeder, der Überlebenskenntnisse hat,
weiß es. Die Nomaden der Wüste natürlich auch. Wenn unter Felsen Moose und Flechten wachsen, der Fels zugleich etwas dunkel,
bis schwarz, gefärbt ist besagt es dies: Wasser. Im Schnitt gräbt
man ungefähr eine Stunde, um an das Grundwasser zu kommen,
dann ist der Eimer aber voll.

Ach ja, dann ist da ja noch das „Wunder" des Verwandeln des bit-
teren Wassers in trinkbares Wasser. Das ist auch bekannt, natürlich
ebenfalls bei den Nomaden. Einige Berberitzenzweige werden in
das Wasser geworfen und das „Wunder" ist geschehen. Das Wasser ist trinkbar. Die Zweige binden die Bitterstoffe.

Damit komme ich auch schon bald zum Ende und vielleicht wird
so auch verstanden, warum die Kirche keinerlei Wert auf Volksbil-
dung legte, denn Unwissenden kann man alles Mögliche erzählen,
was die Schamanen, Priester, Heiler und sowie sie sich sonst noch
nennen, auch fleißig taten und noch tun. Erklärungen gibt es nur

spärlich. Und wenn man nichts mehr weiß, muss man eben „glauben."

Das ist das *"Problem"* mit allen Religionen. Erdacht wurden sie "irgendwann", angepasst auf die einstigen Lebensverhältnisse aber dann oft übertragen auf das Jetzt. Und bedingungslos geglaubt. *(Etwa ein Drittel der US-Amerikaner glauben immer noch, das die Erde erst ein paar tausend Jahre alt ist).* Das Wesen der Religion sehe ich anders:

Nehmen wir nur mal die Bibel. Aus diesem Buch streichen wir erst mal all die Geschichten aus - denn mehr als das sehe ich darin nicht - und filtrieren die Kernaussage. Mir ist es gleich, ob David der König über ein paar Katen war oder ob Salomes Schleier reizvoll erschien, ob Wasser in Wein verwandelt wurde oder sich „XY" als Retter ausgab. Das ist das Erzählen von Geschichten am Lagerfeuer, nicht das Wesen der Religion oder deren Aussage.

Religion ist das Erstellen von ethisch-moralischen Grundsätzen, das Überlegen, ob es etwas gibt, was außerhalb des rationellen Denkvermögens existiert. Da ist die religiöse Ausrichtung belanglos. Rhetorisch geschickte Menschen können aus jedem Satz etwas analysieren und ihm eine andere Bedeutung verleihen oder ihn in die erwünschte Richtung gedanklich verschieben.

Jedes Volk schuf sich seine höheren Mächte um das Unerklärliche zu begreifen, ihm Gestalt zu geben, jedoch immer basierend auf den Lebensumständen ihrer Welt. Sei es *der "Grosse Geist"*, *"Jahwe"*, *"Zeus"*, *"Odin"* oder im dunklen Sinne Indiens *"Kali-Jug"*.

Aber Menschen brauchen zum Glauben oftmals Zeichen. Massen bewegen sich, wenn sie hinter einem Symbol herlaufen, ohne dieses Symbol sind sie ziellos. Das *"Wahre Kreuz"* symbolisierte in den Kreuzzügen ein Stück realen Himmels, Reliquien ermöglichten das Anfassen höherer Mächte, den symbolischen und persönlichen Kontakt mit der *"anderen Welt"*. Man schuf das Kreuz (*Am Anfang war es der Fisch, der als Erkennungszeichen diente)*, schuf Plastiken, die denen der Menschen glichen oder verhüllte das Gotteszeichen, um etwas *"Geheimnisvolles"* darzustellen. Was es ist, ist belanglos, wenn es nur richtig angepriesen, *"verkauft"* und geglaubt wird.

Das Nichtbegreifen und der Wunsch nach Erklärungen trieb und treibt die Menschen zu diesen Gedanken. Dass das dann zu Machtpositionen führte und dem damit verbundenen Machtmissbrauch, ist eine andere Sache. Religion kann Menschen Halt geben, aber sie auch binden, so dass sie geistig gefesselt sind. Letztendlich ist der Grundgedanke jedes Gottglaubens gleich:

Benimm dich ordentlich, lass auch mal die Fünf gerade sein und reiche dem anderen die Hand. Toleriere und akzeptiere. *"Heilige Bücher"* als real anzunehmen ist eine Augenbinde, die das Sehen verhindert. *"Heilige Bücher"* als Denkanstoss zu verwenden, ist ein Augenöffner. Um beim Christentum zu bleiben:

Wer betet *(also gedanklich eine Selbstanalyse durchführt, mit sich in Zwiesprache ist)* und das Kreuz als Abbild eines Gottes ansieht, *(hier gleichend den Mandalas)* huldigt einem Fetisch, wer das Kreuz als imaginären Fixpunkt ansieht, der ihm die Konzentration ermöglicht, der schafft die gesuchte Verbindung...

Vielleicht. .... *(Und für diese Gedanken hätte ich in Europa des Mittelalters gebrannt, so tolerant ist beherrschende Religion oder besser gesagt, deren herrschende Fanatiker).*

Thematisch hierzu gehört – zu all dem soeben Gelesenen – auch dies:

Die Theodizee-Frage (θεόδικη)

Wie ist es möglich, dass trotz der Existenz eines wohlwollenden, allmächtigen *(gerechten)* Gottes, auf dieser Welt Leiden möglich ist *(Also der Mensch leidet)*? Das Leid... Hilfreich wäre es doch zunächst einmal kurz darauf einzugehen:

Was ist Leid? Was bedeutet Leid?

Allgemein ist Leid der Oberbegriff für alles, was uns seelisch und körperlich belastet. Dieses empfindet jeder Mensch und jedes Tier in einer anderen Form. Ich beziehe hier bewusst das Tier in die Überlegung mit ein, denn die oftmals vertretene Meinung, Nicht-Humanoide würden dieses eben nicht empfinden, teile ich nicht. Selbst die Ausgrenzung der Insekten kann ich nicht nachvollziehen.

Leid als Begrifflichkeit basiert im Grunde auf religiösen Gedanken. Die großen Weltreligionen definieren hier unterschiedlich.

Der Buddhismus betrachtet das Leben als Leidensweg, quasi als Strafe für Handlungen in einem früheren Leben, für dessen Handlungen wir im Jetzt büssen müssen. Der Islam sieht das Leid als Prüfung an und dieses Leid ist zugleich Mittel, etwaige Sünden abzubüssen. Die christlich-jüdische Religion differenziert. Während das Judentum davon ausgeht, dass das Leid eine Art Strafe für die Missachtung göttlicher Gebote ist - und sich hier dem Buddhismus annähert- geht das Christentum von der Überlegung aus, das Leid die Voraussetzung für eine Heilung der Seele und letztendlich deren Erlösung ist.

Das sind theologische Grundgedanken, die jeder für sich selbst anders deutet. Hier verschwimmt auch die eigene Religiosität, in deren Tradition man sich sieht und es kann sein, das ein Christ sich durch seine Handlungen eher im Islam wieder findet, oder ein Buddhist sich dem Christentum annähert.

Eng verbunden mit dem Leid ist aber auch das "Böse" und das "Übel".

In der Philosophie unterscheidet man den Sachverhalt. Besonders die Ontologie, deren *Fragestellung "Was ist Gott, was ist der Mensch"* u.a. durch Aquin, Hegel oder Sartre zu beantworten versucht wurde, versucht eine Verbindung zwischen Theorie und Realität zu schaffen.

Bereits Demokrit fasste seine Erkenntnis in dem Satz zusammen: *"Nur scheinbar hat ein Ding eine Farbe, nur scheinbar ist es süß oder bitter; in Wirklichkeit gibt es nur Atome und leeren Raum."* Dieses weist auf den Anfang meiner Überlegung hin:

Das subjektive Ich unterscheidet sich vom objektiven Ich. Hierdurch wird eben dieses Leid individuell gesehen und empfunden.

Es ist zu unterscheiden: Das Leid, welches ich persönlich erfahre ist ein anderes Leid, als das, was die Menschen - als komplexe Einheit - empfinden. Für das Leid im Individualbereich bin ich als Mensch verantwortlich. Das reduziert sich nicht allein auf den Streit mit dem Nachbarn, dem man in Wut eine Ohrfeige verpasst und ihm so körperliches und seelisches Leid zufügt, sondern auch die Leidschaffung im größeren Rahmen.

Ein bedauerliches, aber profanes Beispiel, denn dann versteht man es sehr einfach: Wir bejammern die Flutkatastrophen, stehen betroffen da und bedauern die Menschen in diesen Gebieten. Bleiben wir hier kurz im eigenen Land und betrachten diese Problem mit dem längsten Fluss Deutschlands: Dem Rhein.

Der Rhein ist im Laufe der Zeit begradigt worden. *(Begonnen ab 1817).* Man hat die Fliesslänge um etwa 80 km verkürzt um die Handelsrouten effektiver zu gestalten. Nicht reduziert wurde jedoch die Zuflussmenge der Quelle und zugleich wurden Auwälder trocken gelegt. Kommt nun noch die Schneeschmelze hinzu, haben wir ein Wasservolumen, welches das Flussbett nicht aufnehmen kann. Die hier entstehenden Überflutungen hat der Mensch zu verantworten, ebenso das hierdurch entstehende Leid. Nicht der Einzelne direkt, da er den Fluss nicht selber begradigte, aber indirekt schon: Er, der Mensch, hat sich ein System geschaffen, welches dieses erst ermöglicht und akzeptiert die Menschen, welche diese Entscheidungen getroffen haben.

Ähnlich ist es mit dem Leid, welches durch Erdrutsche oder Bodeneinbrüche entsteht. Auch hier ist nicht "Gott" oder ein so genanntes „Höheres Wesen" verantwortlich, sondern die Dummheit des Menschen, in diesen Gebieten zu bauen. Wir leben in einer Welt, deren Bevölkerung drastisch wächst. Neue Lebensräume müssen erschlossen werden, Lebensräume, welche das wichtigste Grundbedürfnis der Menschen befriedigen: Nahrung. Zugleich reduziert der Mensch diese Anbauflächen und es liegen riesige Gebiete der Welt brach. Technologien zur Urbarmachung dieser Landschaften sind zum Teil schon vorhanden, werden aber aus wirtschaftlichen Gründen dort nicht eingesetzt, weil es keinen Profit bringt.

Hier sind die Verantwortlichen, die "Entscheider" das Negativum, das Übel, ja das Böse. Nicht Gott, sondern Menschen, deren Gier Leid entstehen lässt. Die Erde gleicht einem Gesamtorganismus. Der Mensch lebt auf der Oberfläche, die er selber gestaltet. Nicht immer zum Guten. Diese Gestaltung setzt aber voraus, dass die Entscheider die richtigen Entscheidungen treffen. Und ich wiederhole mich:

Die wirtschaftlichen Interessen stehen im Vordergrund. Wir haben Mitschuld, denn wir lassen es zu. Nicht jeder, denn es begehren viele auf, aber die Masse der Menschen steht der Sachlage hilflos gegenüber, oftmals allein durch die Unkenntnis des komplexen Zusammenhanges.

Hier sind auch Kriege zu benennen. Diese werden aus zweierlei Gründen geführt:

Zum einen um sich Rohstoffe anzueignen und zum anderen aus geschürtem Hass gegen andere, deren Individualität sich von der eigenen Individualität unterscheidet, aber auch oft der eigenen Mentalität sehr nahe ist, dessen Nähe man aber verleugnet (*Hier verweise ich auf die Jahrhunderte andauernde lange Feindschaft zwischen Deutschland und Frankreich, um im europäischen Raum zu bleiben*).

Auch dieses Leid, welches hier entsteht, hat kein höheres Wesen, kein Gott zu verantworten. Wir Menschen stehen in der entscheidenden Verantwortung. Wir allein sind es, welche den Garten "Erde" bestellen. Das "Unkraut", welches dort wächst, pflegen wir.

Niemand anderer. Leid ist das Ergebnis menschlichen Handelns, des Tun und des Seins. Nichts anderes!

Und: <u>Jeder</u> ist in der Verantwortung, dieses Leid erst gar nicht aufkommen zu lassen. Aber es einem *„höheren Wesen"* oder auch *„höheren Mächten"* zuzuschieben ist bequem.

Wieder ein erneutes „Aber":

Ist es nicht so dass der Mensch im Alter religiöser wird, sich dem Glauben zuwendet, eben weil seine Lebenserfahrung ihm mehr Fragen aufwerfen ließ als schlüssige Antworten zu geben,

Der junge Mensch geht voller Enthusiasmus auf die Strasse des Lebens hinaus, nicht wissend was hinter der nächsten Kurve auf ihn einwirken kann, der ältere Mensch geht eher bedächtig, weil er eben einige der Schlaglöcher in der Straße sah, die ihn ein wenig ins Schleudern brachten. Er wägt ab und dieses Abwägen ist auch zugleich das stete „Für-Und-Wider", welches das Handeln bestimmt. Nun, wendet sich somit der ältere Mensch dem Glauben zu, weil sich eben Fragen bildeten, die er zuvor noch gar nicht ahnte? Weil er Antworten bekommen möchte? Das wird sicherlich bei jedem unterschiedlich sein. Es kommt auch auf die Familie und das Umfeld an.

Viele Menschen kennen es noch: Beten vor dem Unterricht, Schulgottesdienst, jeden Sonntag in die Kirche, und alles, was da so zugehört. Man hat es mitgemacht. Eine Überzeugung stand nicht dahinter und viele Menschen sind dann auch aus der Kirchengemeinschaft ausgetreten, oft um Steuern zu sparen...Und einige von ihnen begannen Dinge zu hinterfragen. Die Kirche, nicht die Religion. Während das Erste ein "Unternehmen" für mich ist, ist Religion, also der Glaube, eine andere Sache.

Ich sehe es so, das es die sturen Gläubigen gibt, sicher in jeder religiösen Richtung. Dann die Atheisten, die geradewegs alles ablehnen und verneinen. Und dann die Agnostiker, zu denen ich mich auch zähle. Zweifel als religiöse Basis.

Und:

Im Alter zweifelt man nicht mehr so, sondern beginnt, Dinge gegeneinander aufzuwiegen. Sucht die Gewichte und analysiert. Während ein *„normaler Agnostiker"* vielleicht bei einer Glaubenssicherheit von 50:50 liegt, verschiebt es sich im Alter. Warum?

Man hat im Leben Einiges erlebt. Nicht die profanen Dinge, darum geht es nicht, sondern auch Dinge, die man als "paradox" bezeichnen kann. Und gerade diese eigenartigen Dinge sind es, die das Gedankenmuster einfärben und verschieben. Nicht bei jedem, denn ich glaube nicht, das der Massenmensch sich viele Gedanken über Religion macht. Aber einige wollen *"Wissen"*. Und so entsteht Analyse um Analyse. Manchmal irritiert das Ergebnis eigener Überlegungen und das jedoch löst wieder Überlegungen aus. Aber allein deshalb schon, weil man sich damit beschäftigt, wird die Existenz eines höheren Wesens im Alter als wahrscheinlicher angenommen. Ein Gemisch aus Überlegungen und Lebenserfahrung.

Wenn man sich nun die Religion ansieht, über sie nachdenkt, ja sich in irgendeiner Form befasst, so ist dieses zugleich auch mit dem Wort „Glauben" verbunden. Doch was ist dieser „Glaube eigentlich? Was bedeutet es?

Glaube: Die Annahme einer Meinung/Ansicht als richtig, die man nicht belegen kann. Sofortiges Gegenargument: Du *(Ich, der Verfasser bin wohl gemeint)* kannst es ja auch nicht beweisen.

ein, das kann ich nicht. Das muss ich aber auch nicht, denn ich behaupte es ja nicht. Wer eine These oder Hypothese aufstellt, ist in der Bringschuld.

So, dann fange ich doch mal an, als Heide: Missionieren klingt lautmalerisch für mich bereits wie massakrieren, denn genau das konnten Glaubensbegeisterte immer besonders gut. Wenn das

Weihwasser nicht spritzte, dann war es Heidenblut. Und spritzte es nicht zu der Musik der Hölle *(dazu komme ich gleich)*, dann verbrannte man die Ketzer eben in einem Freudenfeuer. Passt natürlich, denn das Christentum ist Satanismus in Reinkultur.

Sie sehen entsetzt auf? Was schreibt dieser Ketzer da? Nun, wir werden sehen: Ich werde mich bei der Beweisführung genau des textlichen Sammelsuriums bedienen, aus der das Christliche sich selber schuf, aus der Bibel. Sie staunen? Nun, sie werden gleich noch mehr als nur staunen!

Dass die Bibel ein willkürlich zusammen gestelltes Schriftwerk ist, dürfte jedem bekannt sein, der eins und eins zusammenzählen kann, bereinigt und ergänzt, so wie man es gerade haben will. Aber das ist jetzt belanglos, denn es geht um das, an was man da glaubt.

Ich nehme jetzt einfach mal an, es gibt einen Gott *(- Götter erfanden übrigens die Neandertaler, so um etwa 100.000 vor der Zeitwende-)*. Sie suchten Erklärungen, wir haben sie heute, aber trotzdem schamaniert man sich.... Na, wenn es gefällt. Nur warum verhält man sich dann so? Man zerstörte die Kultur, verblödete die Menschen, nahm ihnen die Schrift und setzte zusammen gesponnenen Unsinn als Wahrheit ein, die man mit Feuer und Schwert in die Leiber der Menschen ritzte, die nicht vor dem Bösen knien wollten... Fangen wir an – wie gesagt – ich argumentiere nur aus der Bibel, denn das steht drin:

Das Christentum ist böse.

Der Christ betet Satan an.

Jesus ist der Teufel.

...Hölleluja!

Wir lesen von der Apokalypse, das erdachte Ende der Welt. Beginnen wir hiermit, obwohl mir bewusst ist: Die Menschen der Jetztzeit haben vielleicht einmal das Wort gehört, kennen die Inhalt gewiss nicht. Der Inhalt ist an und für sich auch belanglos, würde nicht dieses Christentum sich seit ungezählten Jahren der Bibel bedienen um Menschen zu unterjochen.

Das *Götter (Elohim - stammen übrigens aus Babylon)* mit *Gott* übersetzt wird, ist da schon zweitrangig. Und auch das die katholische Kirche in dem im Jahr 2000 erschienenen *„Dominus Iesu"* zugibt: Es gibt Götter, ist auch nicht von Interesse. *(Allein bei Moses wird 29-mal in der Mehrzahl gesprochen).*

Oder auch dieses:

Paulus schrieb in den Korintherbriefen: *(...) "Und obwohl es solche gibt, die Götter genannt werden, es sei im Himmel oder auf Erden, wie es ja viele Götter und viele Herren gibt, so haben wir doch nur einen Gott, ...".* *(...)* Schließt das nicht das Wissen um die gedachte Existenz einer Mehrzahl von Göttern ein, beansprucht jedoch für sich selbst ein Alleinstellungsmerkmal? Paulus spricht von „wir" und bezieht dieses auf seine Anhängerschaft. Mehr nicht.

Natürlich gab es mythisch gesehen – wie auch heute noch – eine unterschiedliche Anzahl von Geistwesen, wie ich sie einmal nennen möchte. Wesen mit übermenschlichen Kräften, aber gehören dazu nicht auch Elfen und Zwerge, Trolle und Mare? *Das sind keine Götter,* werfen Sie nun ein. Ja, Sie irren nicht, es sind Fabelwesen, den Mythen entstiegen, Teile der Märchenwelt, aber fiel Ihnen auf das SIE gerade in der Mehrzahl dachten? Das taten Sie nicht, Sie streiten es vehement ab? Gut so, denn nur der Widerspruch fordert und fördert das Denken und von dort gelangen wir zum Nachdenken.

Denken Sie nach! Erforschen Sie ihre Welt, aber glauben Sie nicht sofort alles was man Ihnen sagt, nur weil andere es auch tun. Wer irrt?

Natürlich sagt der Christ: *„Wir haben recht, alle anderen Menschen irren"*! Diese anmaßende Unfehlbarkeit wurde so manchem Menschen blutig mit dem Schwert eingeschlagen oder das Irren auf dem Scheiterhaufen ausgebrannt, begleitet von gesungenen Chorälen zum Lobpreis des „Einen".

Hölleluja!

Gemeinhin dürfte aus den Erzählungen bekannt sein, dass Luzifer der erste Engel Gottes gewesen sein solle. In der Bibel, wohlgemerkt. *(Ich beschreibe und folgere dies alles aus diesem Geschichtenbuch, wie ich vor wenigen Sätzen sagte).* So eine Art Geschäftsführer vielleicht. Und er war strahlend schön, sein Beiname war *„der helle Morgenstern"* oder verkürzt nur *„Morgenstern".* Der Name Luzifer entstammt dem Griechischen und heißt und bedeutet in etwa soviel wie Lichtbringer/Lichtträger.

Der Morgenstern ist zugleich auch der Abendstern, der Planet Venus (dass das kein Stern ist wusste der allwissende Gott damals noch nicht, Weltraumteleskope zu erschaffen, hatte er wohl vergessen...). Und die Venus hat eine Leuchtfunktion: Tageskünder und Nachtbringer. Anfang und Ende, Alpha und Omega. Der Orebus.

Und was lesen wir hier, in der Offenbarung? Ich schocke Sie nun, werte Leser. Und es wird ein Schock sein:

>>> **22:16** Ich bin die Wurzel und der Stamm Davids, der strahlende Morgenstern.

>>> **22:13** Ich bin das Alpha und das Omega, der Erste und der Letzte, der Anfang und das Ende.

Das sagte... Na? Erraten Sie es?

Nein, nicht sogleich, wenn Sie nicht absolut bibelfest sind. Der „Morgenstern" sagte es, denn ER bezeichnet sich selbst so:

Er, Jesus.! ER sagt uns das ER der Morgenstern sei. Er Luzifer....Upps. Wie peinlich....

(Wo steht das? Her mit der Brandfackel, verbrennt den Ketzer! Moment, SIE sollten ihre Bibel doch kennen. Ich weiß wo es steht. Lesen SIE es

nach!... Na gut: Sie finden es in der Offenbarung. Brandfackel bitte wieder löschen...).

Wenn jedoch in Jesaja 14, Vers 12-19 *(kann jeder gerne nachlesen)* der Teufel, Satan, das Böse als Morgenstern beschrieben wird *(...Wie bist du vom Himmel gefallen, du schöner Morgenstern...usw.)* lässt das verschiedene Schlüsse zu:

Jesus ist der Morgenstern, somit gibt er sich als das vermeintlich Böse zu erkennen und nennt seinen Beinamen. Somit ist Jesus der Luzifer, somit das (kirchliche) Böse.

Schlussfolgerung:

Als solcher ist er weder Gott noch gottgleich. Oder: Die Textstelle stimmt nicht und wenn die Schlüsselszene des Buches nicht stimmt, stimmt das ganze Buch in der Logik nicht, denn darauf baut sie zum Großteil auf. Somit ist auch die Handlungsabfolge unlogisch und fehlerhaft. Der beschriebene Gott macht ja keine Fehler, also kann das Buch nicht von Gott sein.

Ach, Sie sagen, Menschen haben es doch geschrieben, was kann Gott denn für die Fehler... *Ja, Menschen schrieben es und genau das sage ich auch. ... aber war es am Anfang dieser Schrift für Sie nicht noch das Wort Gottes. Unumstößlich...? Sehen sie, so weit entfernt sind wir einander gar nicht, nicht wahr?*

Im Garten Eden standen zwei Bäume sagt die Bibel:

Der Baum des Lebens und der Baum der Erkenntnis. Von dem Letzteren durfte nicht genascht werden, das Wissen von Gut und Böse sollte dem Menschen verborgen bleiben.

Ein Mensch jedoch, der zwischen Gut und Böse unterscheiden kann, bedarf keiner erfundenen Figur, der er alles in die Schuhe schieben kann, vor allem aber bedarf er keines Aberglaubens, welcher ihn knechtet. *Wurde der Mensch nicht als „Ebenbild" geschaffen? Ein Original, welches selbst nicht unterscheiden kann, was Gut und was*

Böse ist? Denken Sie nach und spinnen Sie diesen Gedankenfaden weiter und nehmen Sie die Fäden des Schleiers, der Ihren Blick auf den Horizont verkürzt. Sie erhalten aus diesen Gedankenfäden ein festes Tau an dem Sie sich halten können. Ihr eigenes Sein, geschaffen aus Ihnen selbst.

Auf die Geschichte der Religion bin ich in verschiedenen Beiträgen bereits eingegangen. und man wird erkennen, an was da geglaubt wird. Ein Wüstengott, der zuvor weiblich war, angereichert mit Mythen des vorderöstlichen Kulturkreises und mit einer Menge des Mithraskultes darin und Weiterem dazu. Fertig.

<u>Das</u> ist das Glaubensbekenntnis: Ein Bekenntnis zum Bösen, zum Satan, dessen weiter Name Jesus ist. Immerhin hat er sich so vorgestellt *(Oder Johannes zwar zugedröhnt als er am Gänsekiel oder was auch immer kauend schrieb)*. Und dafür brenne ich jetzt wohl in der Hölle.

Halt: Das klappt ja nicht, da will man mich bestimmt nicht haben, also geht es in den Himmel. Hm, wer ist denn jetzt da der Chef, nachdem ich den Gott gedanklich nach „unten" verbracht habe…?

Ihr Gläubigen, rutscht weiter vor dem Satan auf den Knien, jammert ihm die Ohren voll und freut euch an dem Blut und dem Geschrei der Ermordeten, die in seinem Namen geopfert wurden. Er griff nie ein. Er forderte sogar zum Schlachten auf. Warum sollte er auch eingreifen? Das Böse freut sich, wenn das Böse als Gutes getarnt Böses tun kann. Na dann erneut :

Ein fröhliches Hölleluja!

<u>Ansonsten</u>: Willkommen im 21. Jahrhundert und ich verweise hier erneut auf die Schöpfungsmythen, die ich bereits beschrieben habe. Wenn ich nun jedoch das Christentum sehe, so stelle ich mir Fragen:

>> Welches Christentum ist das wahre Christentum?

>> Was sucht und ergründet es, ist inhaltlich menschlich?

Fakt ist:

Das Erkennen des Guten ist es, was den Menschen ausmacht und das Handeln nach dieser Erkenntnis. Wer aber erkennt und nicht handelt *(Passivität ist ebenso verwerflich)*, ist ein Mensch vom Äußerlichen her, im Inneren nur noch tot... Und feige ... Und böse.

Vielleicht brachte meine - *zugegeben drastische Schrift der Provokation* - einige Menschen zum (Nach)Denken. Das wäre doch auch schon etwas. Wenden wir uns nun noch zu diesem Thema hin, dem Glaubensbekenntnis:

Das Glaubensbekenntnis

Jesus = Gott= Heiliger Geist = Jesus usw.

Der christliche Glaube *(die ungezählten Sekten einmal ausgenommen, die ihr eigene Phantasiegebilde erschaffen haben, beispielsweise Jesus sei zugleich der Erzengel Michael und was es da alles gibt...)* geht von der Trinität (Dreifaltigkeit) aus.

Somit sind die drei Personen am Anfang der biblischen Schöpfungsgeschichte bereits existenteigentlich eine Person. Na, da schlagen wir doch erneut die Bibel auf. Sehen wir einmal nach, was der Evangelist Markus da so geschrieben hat, als er den Termin des "Jüngsten Tages" abhandelte. Ein Evangelist ist nichts anderes als ein klangvolles Wort für einen Verkünder, ein Jjemand der damals eine Sache für andere Menschen niederschrieb oder es in der jetzigen Zeit niederschreibt. Das tue ich auch. Bin ich nun ein Evangelist...? Das maße ich mir nicht an, merke jedoch, dass ich wieder einmal ein wenig vom Thema abkomme.

Es geht um den *Jüngsten Tag*, also jenen Tag, an dem es vorbei ist. ... Finito.

...Rien ne va plus.

... Aus.

Echt doof, ne?

Da wäre es doch sinnvoll einen Termin für das Eintreten dieses Ereignisses zu kennen, nicht wahr? Und wer weiß so etwas? Der *Chef* selbst. Also Jesus/Gott/Hl.Geist.

Markus lässt Jesus in 13:32 sagen: *"Von dem Tage aber und der Stunde weiß niemand, auch die Engel im Himmel nicht, auch der Sohn nicht, sondern allein der Vater."* *

*(Altgriechischer Originaltext: >> *peri de tês hêmeras ekeinês ê tês hôras oudeis oiden oude hoi angeloi en ouranôi oude ho Huios ei mê ho Patêr*<<).

Wie jetzt? Jesus weiß das nicht? Hä? Man lehrte und lehrt doch Jesus ist Gott. Na gut, nicht so ein langer Bart und eher ein Wasserläufer und Weinvermehrer, aber eben der christlicher Gott. Ein Gott, der sich selber nicht informiert, nicht weiß, was die andere seiner Gestalten gebrabbelt hat? Schizophrenie? Ich habe eine böse und abschätzige Wortwahl? Vielleicht, aber ist es nicht eher erregenswert sich über die Fantasiegebilde zu erregen als über die Sprache dessen, der darauf hinweist und der sowieso - aus christlicher Sicht – verdammt ist? Prima.

Jetzt noch böser und noch zynischer: Was nimmt man ein um derartigen Wirrwarr zu glauben? Gab es eine Trennung? Siamesischer Zwilling?...Nee. Drilling?

Keine Sorge: Ich kenne das Markusgeschreibe. Man muss den „*Gegner*" kennen, dem man gegenüber steht. So wie auch der Gläubige alles das, was ich anführte und anführe, kennen sollte…! Ein Gegner, der dem Menschen durch niedergeschriebene Worte die Augen verschließt und die zugleich ein Druckmittel zur Unterdrückung der Menschen wurden. Das erklärt aber nicht, warum Jesus *(nach einigen Schriften möglicherweise der Liebhaber von Maria-Magdalena)*, neudeutsch gesagt, *null Plan* hat, gar keinen Termin des "Point-of-no-return" kennt und alles auf den *Alten* schiebt der den umgangssprachlichen Durchblick hat.

100

(Moment, ist er das nicht er selbst...?)

Nun gut, es gibt ja noch den heiligen Geist, oft als Taube darge-stellt. *(Eine Taube ist ein Vogel und das Sprichwort "Einen Vogel haben" kommt mir gerade - wie zufällig - in den Sinn... Ist schon gut, ich ent-schuldige mich für den Ausrutscher... nee, doch nicht!)* Dieser christli-che Gott scheint mir schizophren, kann sich nicht erinnern was er im anderen Daseinszustand weiß und gemeinsam haben sie einen Vogel, der sie beseelt, begleitet und allgemein so herum flattert. *(Besitzt dieser Vogel einen Käfig, vielleicht sogar einen Taubenschlag? Wer macht den Käfig sauber? Engel. Nee, das sind ja Boten. Also wer..? Oder ist er in Hirnwindungen beheimatet...? Ich empfinde mich gerade selbst etwas sehr zynisch. Pardon).*

Ein Aufschrei nach diesen Worten! Geistig wird bereits die Brand-fackel erzündet, jene mit der man mich verbrennen will und die Streckbank zur Läuterung des Ketzers – der ich wohl bin – steht schon bereits bereit. Ja? Oder regte ich den Widerspruch an, ani-mierte zum Denken? Nur das allein soll es sein:

Das Denken und das Nachdenken. Mehr nicht!

Und wenn es provokativ erzeugt wird ist es besser, als wenn es gar nicht erzeugt wird.

Aber neben dem Höchsten erdachten Wesen, „*Gott"*, sind auch noch jene in den hohen Sphären beheimatet, die man „*Heilige"* nennt; so sagt man es zumindest. Wer oder was sind das? *Ich ver-wende das sächliche Geschlechtswort (Neutrum), denn eine Geschlechts-zuordnung fällt mir schwer. Behält man als heilige/r sein Geschlecht oder wird man geschlechtslos? Hm, das kann ich nicht beantworten. Können Sie es?*

Sind es Nebengötter? Oder sind es Hilfsgötter? Vielleicht Hilfsgeis-ter? Oder gar dienendes Himmelspersonal? Da sind sie nun, die Heiligen... und karikieren durch ihre Existenz zugleich den Glau-ben. Mir ist bewusst, was damit bezweckt werden soll und in meiner Kindheit war es chic, diese "Heiligenbildchen" zu sammeln. Ich erinnere mich:

Es gab im Schulunterricht für zehn Fleißkärtchen, (gibt es sie noch?) die man nach Gutdünken des Lehrers oder der Lehrerin für irgendwelchen „Fleiß" bekam im Austausch, ein Heiligenbild. Eine Art Schülerorden - oder Mini-Diplom - wenn man es so will. Bedauerlicherweise gab es diese Heiligenbildchen - ähnlich den heute so populären Fußballsammelbildern - von einem Pfarrer, der mit Vorliebe Kindern mit dem Lineal auf die ausgestreckten Hände schlug, wenn sie seinen Ergüssen nicht ruhig folgten. Und die Lineale bestanden aus Holz, mit einer Stahlkante versehen. Das trieb mir rasch die *"Heiligenverehrung"* aus.

Aber was sind denn nun diese *"Heiligen Frauen und Männer"*? Genauer gefragt: Welchen Sinn haben sie? Dabei erinnere ich mich doch noch einmal an besagten Pfarrer *(ja, man kann Kindern Dinge einprügeln...)* der sagte: *"Die Heiligen stehen am Thron des Herrn und sind ihm nahe."*

Ich bin Agnostiker, also zweifle ich Allerlei an. So auch dieses. Das Lebensziel *"heilig"* zu werden erscheint mir nicht besonders lohnenswert, wenn ich da den ganzen Tag herumstehen und auf das Jüngste Gericht warten soll. Eine Art Wartesaal mit Harfenklang, Posaunengedröhn und dazu mit Weihrauch umnebelt?

Und an jenem „*Jüngsten Tag*"? Was geschieht dann? Es wird festgestellt, dass ich dreimal bei dem Rot der Ampel über den Fußgängerüberweg latschte und so nicht der Heiligkeit würdig war und bin? Äonen von Jahren habe ich dann sinnlos herumgestanden... *(Hey, Satire, falls jemand extrem religiös ist)*? Nimmt man mir dann sofort den Heiligenschein wieder ab, der mich sehr lange Zeit umstrahlte? Und all jene die nicht so heilig waren, sitzen auf irgendeiner Wolke und zupfen die Harfe...? Für mich ist das kein besonders lohnendes Ziel. Mir wird es wohl immer unverständlich sein und bleiben, dass das einstmals erstrebenswert war und für viele Menschen noch ist.

Zurück zu den Fleißkärtchen - Heiligenbildern:

Diese Bildchen sollten wir immer bei uns tragen, denn sie würden uns beschützen und abends zu ihnen beten, damit sie für uns Fürbitte bei Gott leisten. Hm, das ist schon ein eigenartiger allmächtiger Schöpfer, der Mittelsmänner braucht und mittels Fanbildern agiert...Oder etwa nicht? Wenn ich mit *ihm* reden will, dann mach ich das, obgleich ich dann lieber mit einem Baum rede oder auch mit einer Blume. Das erscheint mir sinnvoller und Widerworte geben die auch nicht. Das haben sie mit diesem Gott gemeinsam. Ich brauche kein Bild anstarren und zu bequatschen. Das gleicht ein wenig einer Autogrammkarte die ich anstarre und murmele: *"Lieber Superstar, hilf mir auch gute Musik zu machen..."* klingt für mich ähnlich. Und so komme ich mal wieder zu meinem Fazit: Religionen sind Mittel zur Knechtung der Menschen, mit subtilen Mitteln.

Und was ist mit dem **Papst**...?

Bis zur Zeit der Völkerwanderung hinein herrschte religiöses Chaos. Dann entstand im nachgang u.a. das Reich der Merowinger. Chlodwig der Erste (466-511 n.d. Ztw.)verglich sich mit der Kirche in Rom und der neue Glaube - genauer gesagt das Christentum - fand den Weg nach Franken hinein. Das Christentum . uns somit das Papstum – hatte den sinnbildlichen Fuß in der Tür zu den Mächten Mitteleuropas.

Man paktierte mit dem katholischen Glauben, denn der Papst in Rom, - *zu jener Zeit nur der Bischof dieser Stadt* - saß ziemlich wackelig auf seinem Thron, denn es tobte der Kirchenstreit über die Ausrichtung des Glaubens. Katholiken, Arianer und Orthodoxe kämpften um die Macht... und das nicht nur mit Worten.

Der Papst brauchte Unterstützung, eine militärische Macht und das war zu der Zeit sinnbildlich ein Schwert. Da kam ihm dieser

Chlodwig gerade recht. Er, der Papst, ergab sich und war den fränkischen Herrschern *(genauer gesagt den Merowingern)* untertan (!) bis man entdeckte, dass man mit einigen frisierten *Dokumenten (Lateranische Schenkung)* seine Macht erhöhen kann. Dann, Jahre später, suchte der Papst Kontakt zu anderen Herrschern, spielte sie gegen einander aus und in dieser machtpolitischen Zwickmühle sitzend, wurde der Papst als höchste Intuition auch vom Kaiser akzeptiert. Akzeptiert, jedoch noch nicht anerkannt!

Erst als man Scharen von Wandermönchen durch die Länder jagte, änderte sich das Bild, denn das Volk begann an die Geschichte des *"Stellvertreters"* zu glauben und daran glaubten auch ihre Herren in ihren festen Sitzen und Burgen. So etwas ist zugleich sehr praktisch, für Rom und die menschen. Man hatte und sah eine Art *"Zweigstelle"* des Himmels, mit einem *Filialleiter* in Rom, der sich Papst nannte. *(Welche üblen Gestalten auch auf dem Papstthron saßen, erwähne ich hier nicht. Das ist in diesem Kontext - die Heiligen - auch belanglos).*

Vielleicht nur etwas Kurzes. Nicht zum Papst, sondern zu einem Bischof der bestimmt auch schon heilig ist. Ich weiß es nicht so genau:

Wir schreiben das Jahr 1525. In Teilen des Landes – des „heiligen Römischen Reiches Deutscher Nation – tobt der Bauernkrieg. Der Maler Jörg Ratgeb wurde zum Bischof von Würzburg gerufen. Dieser wollte das Bild einer jungen Märtyrerin besitzen. Ratgeb sollte es malen. Damit das Bild auch echt aussah, *"besorgte"* der Bischof sich ein zwölfjähriges Mädchen *(Barbara)*, so wie auch die Heilige heißen sollte - und ließ sie täglich foltern, damit der Maler einen realistischen Gesichtsausdruck darstellen konnte, der das Leid einfing... Ratgeb schlug den Bischof zusammen und schloss sich - mit dem Mädchen, welches es befreite - die aber wahnsinnig geworden war - den Bauern an, deren Kanzler er später wurde. In Schwaigern ist der barbara Altar zu sehen. Wenn Sie ihn vielleicht einmal sehen, dann gedenken Sie bitte kurz dieses Malers. *(Am Ende des Bau-ernkrieges wurde er wegen seiner Beteiligung an dem Aufstand gevier-teilt)*. Sein bekanntestes Werk ist gewiss der Herrenberger Altar.

Wenn ich nun gerade schon den Bauernkrieg ansprach, dann will ich Ihnen auch kurz darüber erzählen. Auch er gehört zur Religion. Mehr als den Namen wird man zumeist nicht kennen. Einige Jah-reszahlen regen zum Erinnern an. Manche beinhalten freudige Er-innerungen, andere sind mit Schmerzen gefüllt. Letzteres ist hier der Fall.

Am 15. Mai 1525 brach durch die Niederlage bei Frankenhausen der große Bauernaufstand, bekannt als der „**Bauernkrieg**" zusam-men. Bereits im Jahr 1517 kam es zu den ersten Unruhen, die sich bis in die Jahre 1525/26 hinein zogen. Es ist der erste Versuch ge-wesen - mit Mitteln des Kampfes - feudalistische und in Ansätzen erkennbare frühkapitalistische Entwicklungen zu hemmen und möglichst zu beseitigen. Zugleich gab es in den Reihen der Bauern aber auch Überlegungen, hierbei einen - von Bürgern ohne Stan-desunterschied – regierten und verwalteten Staat zu schaffen. Es versuchten die unteren Schichten der Gesellschaft erstmalig gegen die „Herren" vorzugehen und sich ihr angestammtes Recht zu nehmen, welches man ihnen vorenthielt. Sie sahen sich als gleich-wertige Menschen an und sie wollten ihr Recht.

Das allgemeine Murren über die Umstände der Zeit entlud sich im Jahr 1524 als die Stühlinger Bauern revoltierten. Irgendeine Gräfin hatte die obskure Idee ihre Leibeigenen und Knechte (zur Ernte-zeit) auszuschicken, um Schnecken einzusammeln, weil sie darauf Garn wickeln wollte, welches sie für ihre Handarbeiten benötigte. Es sind oft nur vermeintlich kleine Dinge, die einen Brand verursa-chen. Dieser Funke war eben dieses Sammeln der Schneckenhäuser Der Aufruhr erfasste darauf bald ganz Südwestdeutschland, Teile der Schweiz, sowie von Franken, Thüringen, Sachsen, dem Elsass und Österreichs. Danach breitete sich der „Brand" - wie er genannt wurde - rasch weiter aus. In Westfalen erhoben sich Teile der Bauernschaft, in Böhmen und auch in Preußen. In ihren *„Zwölf Arti-keln"* forderten die Bauern u.a. die Aufhebung der Leibeigenschaft und die Beseitigung der Lasten, die man ihnen auferlegt hatte.

Dieses war die Grundlage, mit der man bei den Fürsten zu Verhandlungen vorstellig wurde. In dem *„Artikelbrief"* (so wurde er genannt) jedoch griffen sie die Feudalordnung zudem scharf an. Die Geburtsprivilegien sollten aufgehoben werden und die Sonderrechte der Stände ebenfalls. In der ersten Zeit des Aufstandes erzielten die Bauern bemerkenswerte militärische Erfolge, denn die Fürsten nahmen die „Haufen", wie sich die Bauern selber nannten, nicht sonderlich ernst. In einigen Gebieten des Landes gelangten sie sogar zur Oberhoheit.

Der kirchliche Reformator *Martin Luther* stand zuerst auf der Seite der Bauern, wandte sich dann jedoch von diesen ab. Andere Unterstützer blieben. Zu Luther sage ich nach diesem kurzen Bericht über den Bauernkrieg noch etwas. Dem Ritter Götz von Berlichingen setzte Goethe ein literarisches Denkmal und auch Ulrich von Hutten gehört zu den bekannteren Personen der Zeit. Ihr Kanzler, der Maler Jörg Ratgeb wurde bei Kriegsende geviertelt wurde. Eben jener Maler den ich vorhin kurz erwähnte.

Der Wendepunkt des Krieges, zu dem sich der Aufstand nun ausgewachsen hatte, war der Abschluss des Vertrages von Weingarten, den die Bauern im April 1525 unterzeichneten. Nur mit dem vagen Versprechen versehen, ein Schiedsgericht zu berufen, lösten sich die Haufen - auf der Fürsten Wort hin - auf. Die nun aufgespalteten Heere zu vernichten, war für diese ein Leichtes, denn das gegebene Wort scherte sie - umgangssprachlich gesagt - einen Dreck. Der Höhepunkt des Bauernkrieges war die Massenmobilisierung in Sachsen und Thüringen durch Thomas Müntzer, dem konsequentesten der Bauernführer. Sein Schwert, eine umgearbeitete Sense, verziert mit germanischen Runen, ist heute noch in der Dresdner Waffenkammer zu besichtigen. Die Niederlage der Bauern *(bei Frankenhausen, am 15.Mai 1525)* war der Wendepunkt in dem Krieg, zumal zugleich die Bauernhaufen in Württemberg, Franken und im Elsass vernichtend geschlagen wurden. Ohne eine einheitliche Führung, immer noch lokal denkend und ohne die Verbindung in die Städte hinein, die zwar angestrebt, aber nicht vollendet wurde, wurden die Bauern zum leichten Opfer der Söldnerheere. Diese Söldner waren oftmals Bauern wie sie. Das Bürgertum in den Städten sah zu, wie diese Menschen blutend verreckten, die für ihre Freiheit kämpften. Auch für die religiöse Freiheit aller Menschen.

Der Aufstand brach zusammen und mit ihm blieb der Feudalismus stärker als zuvor bestehen. Die angestrebte Einheit des Volkes kam nicht zustande. Ein Teilerfolg jedoch war die Sicherung der Reformation und die hierdurch errungene Teillossagen vom päpstlichen Einfluss. Aber auch die Reformation hatte ihre Schattenseiten. *(Hier sei nur an Jan van Leyden erinnert, der als „König von Münster" dort eine Schreckensherrschaft einführte und dessen Todeskäfig – richtigerweise „Korb" - noch heute am Turm der Lambertikirche zu sehen ist.)* Durch die Reformation kam es zu weiteren Spannungen und Spaltungen im Land, die dann später letztendlich im 30 jährigen Krieg (1618 – 1648) endeten. Es war vorgeblich ein Religionskrieg, in Wahrheit jedoch ein politischer Machtkampf in Europa unter dem Zeichen des Kreuzes.

(Wer mehr erfahren möchte: Es gibt eine reichhaltige Literatur zu dem Thema). Passend dazu das Lied aus der Zeit des Bauernkrieges welches das Leid der Bauern beschreibt. (Originaltext):

"Der arme Kunrad"

Ich bin der arme Kunrad

und komm von nah und fern,

von Hartematt und Hungerrain

mit Spieß und Morgenstern.

Ich will nicht länger sein der Knecht,

leibeigen, frönig, ohne Recht.

Ein gleich Gesetz, das will ich han,

vom Fürsten bis zum Bauersmann.

Ich bin der arme Kunrad,

Spieß voran,

drauf und dran!

Ich bin der arme Kunrad

in Aberacht und Bann,

den Bundschuh trag ich auf der Stang,

hab Helm und Harnisch an.

Der Papst und Kaiser hört mich nicht,

ich halt nun selber das Gericht,

es geht an Schloß, Abtei und Stift,

nichts gilt als wie die Heilige Schrift.

Ich bin der arme Kunrad,

Spieß voran,

drauf und dran!

Ich bin der arme Kunrad,

trag Pech in meiner Pfann,

Heijoh! nun geht's mit Sens und Axt

an Pfaff und Edelmann.

Sie schlugen mich mit Prügeln platt

und machten mich mit Hunger satt,

sie zogen mir die Haut vom Leib

und taten Schand an Kind und Weib.

Ich bin der arme Kunrad,

Spieß voran,

drauf und dran!

Ich muss durchatmen. Zu präsent ist die Zeit wenn man sie sich vergegenwärtigt: Wer seine Abgaben nicht zahlen konnte, der musste sich beim Grundherrn verschulden, wurde zum Leibeigenen. *(Übergab seinen "Leib zu eigen")*. Was ebenfalls oft unbekannt ist:

Im Falle des Todes eines Leibeigenen fiel die Hälfte seines Besitzes an den Grundherrn, die Hinterbliebenen wurden noch ärmer und abhängiger. All dies wurde von der Kirche unterstützt, die den Menschen einredete: *"Nur wer zu seinen Lebzeiten seine Schulden nach dem Recht beglichen hatte, ist vor der Hölle und dem Fegefeuer sicher."*

Das Fegefeuer hatte man praktischerweise im Mittelalter erfunden. In der Bibel ist keinerlei Hinweis darauf zu finden. Die Menschen glaubten, hungerten und ergaben sich der Leibeigenschaft. Gegen dieses System ging es in der - wohl ersten revolutionären - Bewegung des Landes. Das ist es zudem, was ich persönlich Martin Luther – neben seinem grässlichen Antisemitismus - vorwerfe: Die Unterstützung dieses Ausbeutersystems.

Auf welcher Seite hätte man selbst gestanden, hätte man damals gelebt? Wo haben die eigenen Vorfahren gestanden? Für mich persönlich ist es klar, denn ich wäre wohl unter dem Schwert der Herren gestorben oder am Seil hängend unter einem Baum, denn - obgleich ohne Aussicht auf Erfolg - hätte ich meinen Dreschflegel fest gepackt und wäre untergegangen. Ist dieses jedem für sich selbst klar? Wirklich klar? Luther, der sich von den Bauern abwandte und zum Herrendiener wurde, gestand später ein:

"Ich habe im Aufruhr alle Bauern erschlagen, denn ich habe geheißen sie tot zuschlagen. All ihr Blut ist auf meinem Hals."

Ich sagte bereits, dass ich noch etwas zu Martin Luther sagen wolle. Ich tue es jetzt hier und bleibe dabei ganz populistische, denn ich stelle Ihnen Martin Luther vor, wie er in Worms vor dem Reichstag steht und sich rechtfertigt.

Martin Luthers Worte auf dem Reichstag 1521 in Worms.

Am 3. Januar 1521 wurde vom Papst die Bannbulle gegen Martin Luther ausgestellt. Luther wurde somit zum Ketzer erklärt. Sein Schicksal schien besiegelt.

Kaiser Karl der V. hielt in Worms einen Reichstag ab. Einige Fürsten, voran Friedrich, genannt der Weise (Wartburg) setzten durch, dass Luther freies Geleit erhielt und seine Sache vortragen konnte. Viele rieten ihm ab, aber Luther stellte sich den Gegenrednern – Am 17. April 1521 stand er dann vor dem Reichstag. Der kaiserliche Orator zeigte ihm seine Schriften und fragte ihn, ob dieses seine Werke seien.

Das ihm zugeschriebene Wort. *„Hier stehe ich, ich kann nicht anders, Gott helfe mir, Amen."* Sagte er nicht. Dieses wurde erst später in verschiedenen Schriften zugefügt, um seine Standhaftigkeit zu verdeutlichen. Viel wurde über die Rede Luthers geschrieben, doch was sagte Luther, zu dem Vorwurf, er würde Ketzerei betreiben? Aber lassen wir Luther doch selbst zu Wort kommen:

Allergnädigster Herr und Kaiser!

Durchlauchtigste Fürsten! Gnädigste Herren!

Ich erscheine gehorsamst zu dem Zeitpunkt, der mir gestern abend bestimmt worden ist und bitte die allergnädigste Majestät und die durchlauchtigsten Fürsten und Herren um Gottes Barmherzigkeit wollen, sie möchten meine Sache, die ich hoffe gerecht und wahrhaftig ist, in Gnade anhören. Und wenn ich aus Unkenntnis jemanden nicht in der richtigen Form anreden oder sonst in irgendeiner Weise gegen höfischen Brauch und Benehmen verstoßen soll, so bitte ich dies mir freundlich zu verzeihen; denn ich bin nicht bei Hofe, sondern im engen mönchischen Winkel aufgewachsen und kann von mir nur dies sagen, dass ich bis auf diesen Tag mit meinen Lehren und Schriften einzig Gottes Ruhm und die redliche Unterweisung der Christen einfältigen Herzens erstrebt habe.

Allergnädigster Kaiser, durchlauchtigste Fürsten! Zwei Fragen sind mir von der kaiserlichen Majestät vorgelegt worden: ob ich alle Bücher, die meinen Namen tragen, als meine anerkennen wolle, und ob ich diese verteidigen oder widerrufen wolle. Darauf will ich klar und deutlich antworten: Die jetzt genannten Bücher erkenne ich als meine Bücher an. Zur zweiten Frage aber kann ich nicht in Kürze Antwort geben. Denn sie ist eine Frage des Glaubens und der Seelen Seligkeit.

Deshalb wäre es gefährlich, wenn ich mich hier unbedacht äußern würde. Dies würde mir das Urteil Christi einbringen: "Wer mich verleugnet vor den Menschen, den will auch ich verleugnen vor meinem himmlischen Vater." Deshalb bitte ich von der kaiserlichen Majestät untertänig Bedenkzeit, damit ich ohne Gefahr für meine Seligkeit auf die Frage richtig antworte.

Diese Bedenkzeit wird Luther gewählt. Am 18. April wird Luther erneut vor den Reichstag geführt Der kaiserliche Orator stellt ihm die gleichen Fragen. Luther erkennt seine Schriften an, und zwar unter der Voraussetzung, dass in ihnen beim Nachdruck nichts aus Arglist oder aus Versehen geändert wurde. Dann fährt er fort:

Meine Bücher haben nicht alle den gleichen Inhalt. In einigen habe ich vom christlichen Glauben und von guten Werken so christlich gelehrt, dass sogar meine Widersacher bekannt haben, sie seien nützlich, ja würdig, von christlichen Herzen gelesen zu werden. Selbst die päpstliche Bulle findet etliche meiner Bücher unschädlich, obwohl sie auch diese verurteilt. Warn ich diese Bücher widerrufen wollte, was würde ich dann tun? Ich würde als jemand dastehen, der die von ihm beschriebene, von Freund und Feind einmütig bestätigte Wahrheit plötzlich leugnen würde.

In einer zweiten Abteilung meiner Bücher werden das Papsttum und die päpstliche Lehre angegriffen. Denn von ihnen ist mit falscher Lehre, bösem Leben und ärgerlichen Erscheinungen die Christenheit an Leib und Seele verwüstet worden. Dies kann niemand bestreiten, zumal alle frommen Menschen darüber, klagen, dass durch die päpstlichen Gesetze und Menschenlehren die Gewissen der Christgläubigen beschwert und gequält worden sind. Wenn ich nun diese Angriffe widerriefe, dann würde ich die päpstliche Gewaltherrschaft unendlich stärken: Ich würde ihrem gottlosen Wesen nicht nur die Fenster, sondern auch Tor und Tür öffnen. Sie könnte dann noch viel freier wüten, denn sie könnte sich dann auf meinen Widerruf berufen Die dritte Gruppe meiner Bücher richtet sich gegen jene Personen, die die päpstliche Gewaltherrschaft verteidigt und meine Auslegung der gottseligen Lehre angegriffen haben. Gegen diese bin ich - das bekenne ich - manchmal etwas scharfer und heftiger vorgegangen, als es unter Christen richtig gewesen wäre. Ich mache mich nicht zu einem Heiligen; es geht jedoch nicht um meine Eigenarten, sondern um die Lehre Christi.

Deshalb kann ich auch diese Bücher nicht zurücknehmen. Würde ich sie widerrufen, so würde ich die päpstliche Gewaltherrschaft und ihre gottlosen Folgen unterstützen. Das Leiden des Volkes Gottes würde dadurch noch viel schlimmer als es jetzt schon zu beklagen ist. Für alle meine Bücher gilt: Weil ich nur ein Mensch, nicht Gott bin, darum kann ich sie nicht anders verteidigen als mein Herr und Heiland Jesus Christus. Dieser hat in seinem Verhör vor dem Hohenpriester Hannas, als dessen Knecht ihm eine Ohrfeige gab, geantwortet:

Habe ich übel geredet, so beweise, dass es böse war. (Job 18,22 f.) Wenn nun der Herr Jesus Christus, der wusste, dass er nicht irren konnte, bereit war, sich widerlegen zu lassen, und sei es von einem unbedeutenden Knecht, dann muss ich erst recht begehren, mich eines Besseren belehren zulassen.

Darum ersuche ich Eure kaiserliche Majestät, kurfürstliche und fürstliche Gnaden, und jedermann, er sei hohen oder niedrigen Standes, mir aus den prophetischen und apostolischen Schriften nachzuweisen, dass ich mich geirrt habe. Wenn ich überzeugt werde, geirrt zu haben, werde ich bereit-

willig alle Irrtümer widerrufen; dann werde ich der Erste sein, der meine Bücher ins Feuer wirft.

Ich hoffe, damit habe ich gezeigt, dass ich genügend bedacht habe, welche Not, Gefahr und Zwietracht es in der Welt wegen meiner Lehre gibt. Daran hat man mich ja gestern nachdrücklich erinnert. Zu sehen, dass um des Wortes Gottes willen Zwietracht und Uneinigkeit entsteht, ist mir eigentlich eine große Freude, denn das ist die Art des Wortes Gottes, wie Christus selbst sagt: "Ich bin nicht gekommen, Frieden zu bringen, sondern das Schwert; denn ich. bin gekommen, den Menschen zu erregen gegen seinen Vater..." (Mt 10,34 f.).

So ist denn zu bedenken, wie wunderbar und erschreckend Gott in seinem Ratschluss ist. Vielleicht rühren die Versuche, Uneinigkeit und Zwietracht beizulegen, nur aus dem Vertrauen auf unsere Macht und Weisheit, so dass sie in Wirklichkeit eine Verfolgung und Lästerung des Wortes Gottes darstellen würden. Dies aber würde eine große Gefahr für Leib und Seele heraufbeschwören, nicht zuletzt für Anfang, Mitte und Ende der Regierung des jungen Kaisers Karl, auf dem - nächst Gott - eine große Hoffnung für unser Land liegt.

Das könnte ich mit vielen Beispielen aus der Bibel belegen: mit dem Pharao, dem König von Babel, mit den Königen von Israel: Sie alle haben sich in das größte Verderben gestürzt, als sie sich bemühten, aus eigener Kraft ihre Königreiche zu befrieden und zu befestigen. Denn Gott ist es, der die Witzigen in ihrem Witz und ihrer Klugheit ergreift und die Berge umkehrt, ehe sie es bemerken. (Hiob 5,13; 9,5). Deshalb ist es nötig, Gott zu fürchten. Ich meine nicht, dass ihr Fürsten meines Rats und Unterrichts bedürftig wäret. Doch habe ich geglaubt, dass ich diesen Dienst meinem lieben Vaterland, der deutschen Nation, schuldig gewesen bin. Deswegen bitte ich untertänigst Eure kaiserliche Majestät, kurfürstliche und fürstliche Gnaden, sie möchten es nicht gestatten, dass ich durch übelmeinende Unterstellungen verunglimpft und bei ihnen in Ungnaden fallen würde. Der kaiserliche Orator antwortete auf diese Rede, Luther habe nicht zur Sache gesprochen. Vor dem Reichstag gehe es nicht um eine Disputation über Fragen, die längst vorher von Konzilien definiert worden seien, sondern um eine einfache Antwort "ohne Hörner und Zäh-

ne". Luther solle antworten, ob er widerrufen wolle oder nicht. Luther darauf: Weil Eure kaiserliche Majestät, kurfürstliche und fürstliche Gnaden eine einfache und richtige Antwort wünschen, so will ich sie auch ohne Hintergedanken geben: Überzeugt mich mit den Zeugnissen der Heiligen Schrift, oder mit öffentlichen, klaren und hellen Gründen, also mit den Bibelworten und Argumenten, die von mir beigebracht worden sind. Denn die Autorität von Papst und Konzilien allein überzeugt mich nicht, da sie offenkundig oft geirrt und gegen Schrift und Vernunft gestanden haben. Nur wenn mein Gewissen in Gottes Wort gefangen ist, will ich widerrufen. Denn es ist nicht geraten, etwas gegen das Gewissen zu tun.

Gott helfe mir, Amen.

Soweit die Worte die Luther sagte. Kannten Sie diese? Oder kannten Sie nur das publizierte *„Hier stehe ich und kann nicht anders... usw"*?

In diesen Worten sahen die Bauern einen Mann, der Vorkämpfer für ihre gerechte Sache war. Sie erhoben sich gegen Willkür und Tyrannei. Der Bauernkrieg brach aus um im Jahr 1525 brach der Aufstand zusammen. Ein Blutgericht wurde gehalten und die Bauernführer wurden gefoltert, gevierteilt, gerädert, gehängt.

Martin Luther schwieg hierzu und verdammte sogar in Schriften und Reden das Bestreben der Bauern nach Gerechtigkeit.

Dieser Sachverhalt veranlasst mich persönlich, bei Martin Luther nicht nur einen dunklen Fleck zu sehen. Zweifellos hat er der christlichen Religion eine Reform gebracht, als Mensch hat er für mich erbärmlich versagt.

Nachdem soeben der Dreschflegel geschwungen wurde, so gehe ich noch ein wenig in der Zeit zurück, denn der Bauernkrieg war nicht das erste Empören des Landvolkes, welches mit geistlichem Segen in Blut ertränkt wurde. Sagt Ihnen der Name der **„Stedin-**

ger" etwas? Wenn Sie aus Norddeutschland, zwischen Bremen und Hamburg herstammen vielleicht. Aber sonst?

Der „Bauernkrieg", dessen Blut uns vorhin ins Gesicht spritzte war jedoch nicht das erste Aufbegehren des gemeinen Mannes. Ein Ereignis, welches diesem ähnelt ist der Aufstand der Stedinger, von der Kirche damals als frömmelnd als „Kreuzzug" bezeichnet.

Kreuzzüge waren in diesem Zeitabschnitt (Hochmittelalter) aktuell, wenn man es so vulgär sagen will. Man war quasi daran gewöhnt.... Warum also sollte man Monate lang reisen um sich in der Wüstensonne Palästinas einem zweifelhaften Unternehmen anschließen, wenn es derartiges auch in nicht so weiter Ferne zu besorgen gab? Praktisch vor der Haustür. Also die Waffen aufgenommen und hin zu den Stedingern, natürlich mit kirchlichem Segen. Wir befinden uns nun – wie gesagt - im Hochmittelalter.

Der Kreuzzug gegen die Stedinger

Im Erzbistum Bremen wurden in der Zeit des Mittelalters, im 12.Jhd. - in den umliegenden Moorlandschaften - Bauern angesiedelt. Das Ziel war es, die Sümpfe trocken zu legen, das Land urbar zu machen und zugleich so ein Bollwerk gegen die Sturmfluten der Nordsee *(damals hieß es noch „Mare Germanicum" - „Deutsches Meer)* zu schaffen. Aber um Menschen in den Sumpf zu locken, ihnen die schwere Arbeit schmackhaft zu machen, mussten Anreize her. Diese Anreize gab es: Die Höfe wurden zu Eigen und vererbbar, Zins und Abgaben beschränkten sich allein auf das Kirchengeld, welches nur auf die Erträge erhoben wurde.

Und wie der Mensch nun einmal ist, so arbeitete er für die eigene Scholle fleißiger und kräftiger, als es unter Zwang geschähe. Das eigene Heim, der Gedanke an das für-sich-selber schaffen, trieb die Menschen mehr an, als es eine Knute je erreichen würde.

Es war eine harte Arbeit. Mit schweren Holzspaten wurden Abzugsgräben gezogen, mit den bloßen Händen und mit der Hilfe von Stangen wurden Baumwurzeln dem Sumpf entrissen, von Bäumen die zuvor in mühevoller Arbeit – teils noch mit Steinäxten – gefällt worden waren. Aber die Arbeit trug auch ihren Lohn in sich. Das Land war fruchtbar und ein bescheidener Wohlstand zog nach geraumer Zeit in die Stuben der Bauern ein. Doch nun kam wieder der gierige Mensch im Menschen hervor, genauer:

Die Feudalherren sahen den bescheidenen Wohlstand und wollten daran Teil haben. Sie errichteten willkürlich Burgen *(nicht jene, die man aus Filmen kennt, sondern es waren mit Palisaden umfriedete, befestigte Plätze)*, oft überragt von einem Turm, besser gesagt einem Ausguck, der oft nicht einmal zehn Meter hoch war, aber dennoch, diese Anlagen zeigten: *„Wir sind der Herr"*!

Historisch belegt ist zudem auch – ich nenne es einmal sehr zynisch - der *„Freizeitsport"* der adeligen Herren:

Sie forderten nicht nur Abgaben, nahmen sie wie selbstverständlich – gegen geltendes Recht - mit Gewalt und betrachteten die Weiblichkeit generell als zu ihrem Vergnügen existent. Irgendwelche Skrupel kannten sie nicht. Sagte die Bibel nicht *dass man dem Kaiser geben solle, was des Kaisers ist?* Und als kleiner Kaiser fühlte sich jeder Herr, auch wenn er nur über drei Misthaufen gebot.

Den Stedingern *(so nannte man sich bereits selbst, abgeleitet von dem Namender Landschaft in welcher man lebte)* zog sich zuerst der Magen vor Wut zusammen und dann krümmten sich die Finger der Hand und sie zeigten die Faust. Sie waren Freie Bauern in einem freien Land.... So dachten sie es sich. Die Herren dachten ein wenig anders....Die Freibauern schlossen sich zusammen und brannte die verhassten Burgen nieder.

„Schwurbrüder" nannten sie sich und die Erfolge der Burgniederbrennungen ließen das Selbstbewusstsein wachsen. Die Bauersfrau konnte wieder unbehelligt durch einen Hohlweg gehen und auf die Magd lauerte lediglich - gelegentlich - ein liederlicher Knecht und nicht eine Horde betrunkener Adelsherren, die ihren „Spaß" haben wollten. Nun taten die Stedinger jedoch etwas, was man

nicht tun sollte, vor allem in der damaligen Zeit nicht: Sie legten sich mit der Kirche an, denn auch sie waren Herren in dem Gebiet.

Genauer gesagt: Sie brachen den abgeschlossenen Vertrag, denn sie weigerten sich ihrerseits nun, den Zehnten zu zahlen. Wer Unrecht mit Unrecht bereinigen will, setzt sich immer auch selbst ins Unrecht, vor allem dann, wenn der Gegner in einer „ganz anderen Liga" spielt. Das Niederbrennen von befestigten Plätzen und das Vertreiben raufboldiger Ritter war eine Sache, aber sich direkt mit dem Bischof von Bremen anzulegen etwas ganz anderes. Das sollten sie zu spüren bekommen. Längst war die Kirche nicht mehr arm, die Lehren wurden nach Gutdünken ausgelegt und so manche Kirchenposten versorgte das dritte oder vierte Kind aus einer Landadelsfamilie.

„Diese Bauern wollen nicht zahlen?" mag er nun drohend gedacht haben *„dann werden ich sie halt zwingen"*. Seine Schlussfolgerung: *„Sie werden zahlen"!* Erzbischof Gerhard II. *(Gerhard zur Lippe geboren um 1190; gestorben am 28. August 1258 in Bremervörde, aus westfälischem Adel stammend)* zog im Jahr 1229 ein Ritterheer zusammen und so zogen die Bewaffneten wohl gelaunt los *(…sie dachten bestimmt auch an eine intensive Bekehrung der Frauen, Mägde und Töchter…)*, als ihnen gewaltig die Dreschflegel um die Ohren schlugen. *Den Bürgern der Stadt Bremen wurde versprochen, ihnen die Zölle und Abgaben zu erlassen (Versprochen! … Hielt man sich an dieses Versprechen..? Na, was glauben Sie wohl…).* Wer Kaufmann war und sich dem Zug anschloss, dem wurde der dritte Teil der Kriegsbeute – äh, pardon, des heiligen Kreuzzuges natürlich – angeboten.

Der Papst, jener heilige Vater in Rom und selbst ernannter Nachfolger Christi erklärte unterstützend, jeder erhalte die gleichen Ablässe wie jene, die in das heilige Land zogen. Das war ein Freibrief für jegliches Tun. Unter dem Befehl des Heinrich I. von Brabant stellte sich ein Heer von bis zu 4000 Kreuzzüglern *(die Quellen nennen verschiedene Zahlen)* ein. Das Aufgebot der Stedinger belief sich in etwa auf die gleiche Menge Kriegsvolkes. Nur, es waren Bauer, keine erprobten Kämpfer, aber sie verteidigten ihre Heimat und ihre zustehenden Rechte.

Die Namen der Anführer jener Bauern sollen nicht vergessen sein, denn gemeinhin hinterlassen nur so genannte *„bedeutende Herren und Frauen"* ihre Fußstapfen tintenbekleckst in den Annalen. Die Anführer des Heers der Stedinger waren Bolko von Bardenfleth , Thammo von Huntorp sowie Detmar tom Dyk. Ihr Leitspruch lautete *„Lewer dod as Sklav"* („Lieber tot als Sklave").

Sie hatten die Stedinger Bauern unterschätzt, die ihnen eine schmähliche Niederlage beigebracht hatten. Das Ritterheer rannte davon, die Bauern liefen hinterher, machten dann jedoch kurz halt, radierten die Burg Schlütterberg aus und enthusiastisch überfiel man das Kloster Hude, denn die Mönche hatten einst Landansprüche geltend gemacht. Das Letztere hätten sie nicht tun sollen, denn es wurde sofort eine Kommission eingesetzt, welche die Lage begutachtete. Diese Kommission bestand aus Dominikanern, jener Orden, der für die Inquisition zuständig war.

Kurzerhand wurden die Stedinger Bauern im März 1231 auf der Synode zu Bremen zu Ketzern erklärt. Bischof Gerhard II., verlas das Urteil: *„Es ist offensichtlich, dass die Stedinger den Schlüssel der Kirche und die Sakramente völlig verachten, die Lehre der Kirche für Tand halten, dass sie Geistliche jeder Regel und jeden Ordens anfallen, dass sie Klöster und Kirchen durch Raub und Brand verwüsten, und dass sie ohne Scheu Schwüre brechen."* Nun wurde auch noch Hostienfrevel, Aberglauben und Anbeten von Götzenbildern hinzugefügt und fertig war der Grund für einen Kreuzzug.

Zynisch sage ich: Fein gedacht und gesprochen...

Ein Kreuzzug im eigenen Land, dachte sich sowohl der Ritter als auch der angeworbene Kriegsknecht. Das spart die Reise nach Jerusalem, das Klima ist auch verträglicher und die Beute (*...Äh... das von Ketzern befreite Land*) konnte sofort direkt unter den Nagel gerissen werden (*Pardon: Ich meine natürlich, gottgefällig direkt dem Bistum eingegliedert werden...*). Eine Verteidigung in dem Prozess gegen die Bauern wurde natürlich nicht zugelassen, denn das waren ja Ketzer und die lügen doch eh...

Rasch wurden einige Boten nach Rom geschickt, Papst Gregor segnete erneut eifrig das Kreuz unter dem man dann loszog, um es dann den Stedingern über den Schädel zu hauen. Ja, Bekehrung kann manchmal schmerzhaft sein. Aber was tut man nicht alles für das Seelenheil....

Im Jahr 1233 war es dann endlich soweit. Ein Kreuzfahrerheer zog bekehrend in das Stedingerland ein und dieses ist in der Sächsischen Weltchronik mit den Worten vermerkt: *„Sie brandschatzten das Land und erschlugen mehr als vierhundert Männer, Frauen und Kinder."* Das Wort „Ketzer" schien man vergessen zu haben.

Doch die Stedinger Bauern wollten sich gar nicht auf diese Art bekehren lassen *(wie uneinsichtig von diesen sturen Bauern)* und sie stellten sich den Rittern entgegen. Im Hemmelskamper Wald zerbeulten ihre Dreschflegel erneut das Rüstungsblech und die edeltapferen Ritter zogen sich „geordnet zur Neuformierung" zurück *(würde man beim Militär sagen)*, im Klartext hieß dies: Sie rannten und ritten in heilloser Flucht davon. Kreuzzug und das Bekehren waren wohl nicht so einfach, wie der Bischof es gesagt hatte. So manche Maid zeigte sich eher kratzbürstig, als voll von Freude, wenn sie „bekehrt" werden sollte...

Der Bischof grummelt wohl vor sich hin, rannte in seinem Kämmerlein wohl auf und ab und seine heilige Faust schlug auf den Tisch: *„Halleluja, ein größeres Heer muss her."*! Dazu kam es dann auch. Etwa 6.000 Bewaffnete machten sich im Frühsommer 1234 dann auf den Weg um das Bauernpack endlich zur Räson zu bringen. Sie sangen Choräle oder Sauflieder *(je nach Glauben)* und währenddessen intonierten die Mönche, die Geistlichkeit und andere edle Herren Kirchenlieder. Andauernd und ausdauernd, ohne jegliche Pause.

Sie hatte sich auf die Deiche gestellt, denn von da hatte man wohl die beste Sicht. Auf das heilige Bekehrungswerk. Das war gut und richtig und auch besonders wichtig, denn wann konnte man schon direkt bei der finalen Bekehrung eines Ketzerhaufens dabei sein? Vielleicht noch in Nadrangen *(Ein Teilgebiet des Deutschen Ordens)*, aber das würde eine Reise bedeute und die das war beschwerlich. Also musst das hier ausgenutzt werden zumal – umgangsprachlich - der Eintritt auch noch frei war. Halleluja: Es wurde also gesungen.

Die zusammengedrängten Bauern sangen nicht. Sie sanken lediglich totgeschlagen zu Boden. Wir schrieben den 27. Mai.1234; der Ort: Altenesch. In den Unterlagen des Klosters Stade ist nachlesbar:

„So stark kam die Hand des Herren über sie, dass in kurzer Zeit sechstausend von ihnen zugrunde gingen." Es war vorbei.

Die Überlebenden *(nicht vergessen: Es waren üble, rechtlose und gottlose Ketzer!)* hatte keine Rechte. Man sogleich einen päpstlichen Merkzettel hervorzog. Papst Gregor hatte gesagt: *„Die Verderbten sollen Entschädigungen leisten."* Das hatte man dann sogleich notiert, denn so was darf nie vergessen werden, denn Entschädigung klingt immer gut... Und außerdem hatte es ja der Papst gesagt, der heilige Vater in Rom, Gottes Stellvertreter auf Erden... Und so wurde entschädigt:

Adel und Kirche teilten sich das Land friedlich auf.

Auf dem Schlachtfeld selbst steht – natürlich zum Lobe des Herrn, der die grauslichen Stedinger Ketzer ihrer gerechten Strafe zuführte - die 1299 geweihte St.-Gallus-Kirche, in denen der Leibeigene danach knien durfte.

Doch, was wurde denn nun aus den Bauern? Jenen natürlich, die überlebt hatte, nicht jene, die man unter Chorälen in den Wartesaal zum Jüngsten Gericht geschickt hatte? Nun, auch für sie wurde – *wenn sie sich wieder in die Arme der Kirche zurück begaben* – mildtätig gesorgt. Mit offenen Armen nahm man sie in die Leibeigenschaft auf und sie durften das Land weiter beackern: Fronpflichtig, zinspflichtig, abgabepflichtig, unfrei und der Gnade der Herren und der Kirche ausgeliefert. Halleluja.

Hiernach fällt es mir schwer das Ende zu finden, zu sehr nimmt mich so etwas mit und zugleich widert es mich an.   Und dennoch, mir verbleibt der zynische Galgenhumor zur Nachfrage und ich flüchte mich zu den Heiligen hin:

"Top-Menschen" werden Heilige. Werden *"Top-Böse Menschen"* dann so eine Art Hilfsteufel? Oder dürfen sie, ab und zu einmal, einen Scheit ins Höllenfeuer werfen? Zehn böse Taten können gegen einen Holzscheit getauscht werden...? Oder müssen sie Reliquien putzen?

Ich schrieb u.a. einen historischen Roman („Der Pfeifer" - Eigenwerbung sei gestattet. Im Internet und in jeder Buchhandlung erwerbbar. ISBN: 9783868506143). Daraus *"klaue"* ich jetzt einmal bei mir selbst. Ein kurzer Auszug, denn er befasst sich mit den soeben angesprochenen Reliquien:

(....) .... der unter dem Arm eine Sackpfeife trug, kann dicht zu mir.

„Dann bleibt doch bei uns. Ihr könnt die Reliquien verkaufen, denn ihr seid glaubwürdiger als wir."

Mit einer Handbewegung deutete er auf einen neben dem Feuer stehenden Kasten, der voller Knochen war.

„Bitte, lasst das „Ihr". Ich bin nichts Besseres als ihr. Sagt einfach du zu mir", sagte ich und ging zu dem Kasten.

„Sind das alles Reliquien?"

„Selbstverständlich! Und alle diese Reliquien sind echt. Denn wir fertigen sie schließlich selbst an", sagte Jost und griff nach einem auf dem Boden liegenden Hasenbein und schabte es mit einem Messer glatt, bevor er den Knochen zu den anderen in den Kasten warf. Alle lachten und

auch ich musste, obwohl mir danach eigentlich gar nicht zu Mute war, grinsen. Dann zog Jost einen kleinen Stapel Pergamentzettel hervor und reichte mir eines der Blätter.

Er erklärte mir, was dort stand. ja eigentlich stehen sollte, denn ich sah nur wirre Zeichen und Gekritzel.

„Hier steht dass jede diese Reliquien echt ist und der Papst sie selbst gesegnet hat."

„Wo soll das stehen?" fragte ich nun, „ich sehe nur komische Zeichen."

Jost riss mir das Blatt aus der Hand.

„Kannst du etwa lesen?" fragte er staunend, „wohlmöglich kannst du auch noch schreiben...?"

„Ja", nickte ich.

„Na, dann kannst du dir dein Essen ja redlich verdienen und Friederun braucht nicht mehr die Zeichen zu malen. Es hat übrigens bis jetzt noch niemand gemerkt, was auf den Beglaubigungen wirklich stand", fügte er schelmisch hinzu.

Jost erklärte mir, das die Menschen nur an Reliquien glaubten, die als „echt" durch eine Art Urkunde bestätigt seien und sie würden sich gut verkaufen. Sogleich winkte er Friederun herbei und sie brachte mir einen abgebrochenen Gänsekiel, ein Töpfchen voller Tinte und einige gerissene Blätter Pergamentes.

„Zeig' uns, dass du schreiben kannst", forderte sie mich auf, bückte sich und nahm einen Knochen aus der Kiste.

„Schreibe auf, dass dies ein Fußknochen vom heiligen Christopherus ist und dass der Papst ihn gesegnet habe."

Voller Erwartung schauten mich alle an. Etwas ungelenk, durch die Schmerzen und die fehlende Übung behindert, schrieb ich das geforderte und Jost siegelte es mit dem Ring, den er trug und den ein Wappen zierte indem er ihn in eine dicke Wachsfläche eindrückte, die Friederun von einer Kerze tropfen ließ...(...)(...)So wurde ich einer von ihnen. Bruder Falkus, der mit falschen Reliquien handelte - aber was ist daran schon *falsch? Zählte nicht der Glaube allein? Waren die Knochen der Fasanen und Hasen, nicht ebenso heilig, wie die der so genannten Märtyrer? Ich hatte Menschen kennen gelernt, die nichts taugten, gar nichts! Doch welcher Hase hat je geplündert oder gemordet...? ....(...)*

Sage ich hierzu noch etwas? Nein. Ich überlasse den Leser seinen Gedanken. Mich weiter mit den „Heiligen" zu befassen, dazu habe ich keine Lust mehr, nur noch das Bedürfnis mich sinnbildlich zu übergeben.

Nachdem wir nun gerade so schön ins Plaudern gerieten, einen gedanklichen Abstecher in das Mittelalter taten, indem wir einen kleinen Buchauszug lasen, will ich nun noch weiter ausschweifen, denn gerade jetzt, im Hier und Jetzt, gibt es einen optischen Reiz, der viele Menschen reizt. Das Kopftuch. Was das nun mit Religion zu tun hat? Alles und zugleich gar nichts. Ich füge es jetzt hier einmal an und wir kommen in den Bereich des **Islams**, obgleich das Kopftuch auch in vielen anderen Kulturen getragen wurde und wird. Gerade in der heutigen Zeit muss man diese religiöse Strömung, gerade in einer Schrift die sich mit Religion befasst, dazu nehmen. Jedoch in anderer Bedeutung:

Vielleicht sollte man in diesem Zusammenhang auch einmal einen geschichtlichen Rückblick machen, woher dies alles stammt, denn das Kopftuch und die Verhüllung wurde bereits zum politischer Streit und auch weltliche Gerichte beschäftigen sich damit.
Das Kopftuch war u.a. auch Teil einer Forderung, als im Irak vor einigen Jahren zwei Journalisten aus Frankreich entführt worden waren: Ihre Freilassung war an die Aufhebung des Kopftuchverbotes in den französischen Schulen gekoppelt. Das ist jedoch nicht die Frage, sondern sie lautet:

Warum wird es getragen?

Als Zeichen des Bekennens zu einem bestimmten Glauben, wird man rasch antworten. Wirklich? Ist es ein zwingendes Gebot?

Wer jemals in einer Wüste war, wird leichte Schutzkleidung zu schätzen wissen. Nicht nur die Hitze ist es, die den Menschen klimatisch etwas zu schaffen macht, sondern auch der feine Sand. Leichte Gewänder aus Kamelwolle bieten den besten Schutz. Wie es nun mit fast allen Dingen üblich ist, verschönert der Mensch auch Kleidung nach seinem Geschmack und seinem Empfinden. So auch hier, bei einer reinen Schutzkleidung. Besonders der Kopf ist schützenswert. Wer schon einmal einen Hitzeschlag bekam *(„Sonnenstich")*, weiß, wovon ich rede.

Als sich der Islam vor rund 1500 Jahren bildete *(Ich runde die Zahl etwas ab, es war das frühe 7.Jhd. unserer Zeitrechnung)*, fand dieses in einem sehr trockenen Gebiet der Erde statt, der arabischen Halbinsel. Die typische, normale Kleidung bestand aus einem Umhang, der den Körper vor Austrocknung bewahrte und ihm so Schutz bot. Die Luft Arabiens ist extrem trocken und entzieht dem Körper Feuchtigkeit.

Bereits in den Anfängen des Islam gab es Diskussionen über die Verhüllung der Frauen. Gehen wir also einmal in diese Anfangszeit zurück.

Eine der Frauen Mohammeds, des Begründers dieser Religion, war die Tochter von Omar, welcher – Mohammed nachfolgend - zum der zweiten Kalifen wurde. *(Richtig ist eigentlich „chalīfa", was in etwa Nachfolger bedeutet)* In den Überlieferungen über Mohammed steht, sein Schwiegervater *(also Omar)* habe ihm gesagt, das Mohammeds Frauen den verschiedensten Männern begegneten, Anständigen, aber auch Unanständigen. In diesem Kontext empfahl er Mohammed, die Frauen daheim zu lassen.

Empfohlen (!) nicht geboten. Was sie selbst dazu sagten, war wohl nicht von Belang....

Als Mohammed wieder einmal eine Frau nahm, also erneut heiratete, *(Ihr Name war Sejnab und es war eine politische Heirat. Sie war die Tochter eines Stammesfürsten aus Arabien)*, waren natürlich auch Gäste zu dieser Feierlichkeit geladen. Nur, diese Gäste gingen einfach nicht, als das Fest zu Ende war. Mohammed verließ – der Überlieferung nach – das Fest, kümmerte sich um seine anderen Frauen und als er zurückkam, saßen die Gäste immer noch bei der Braut herum. Er war sauer und wandte sich an Allah. Der antwortete ihm so, wie es in der Sure „al-Ahsaab" nachzulesen ist *(Vers 53)*, sinngemäß das Mohammed den Gästen nun sagen solle, sie sollten wissen wann das Fest beendet ist und wenn sie sich schon mit den Frauen unterhalten wollten, solle dies durch einen Sichtschutz geschehen, damit sie nicht auf *„dumme Gedanken"* kommen.

Mohammed war eh innerlich geladen, denn einer der Gäste fand wohl an seiner Lieblingsfrau (Aischa) gefallen, denn er fasste sie an. Statt dem Bedränger jetzt richtig die Meinung zu sagen, hatte er weitere Eingebungen… Diese Eingebungen befassten sich mit der Verhüllung seiner Frauen, denn es waren <u>seine</u> Frauen und nicht Allgemeingut. *(Wer mehr lesen möchte: Koran, Vers 59 in „al-Ahsaab" und Vers 31 in „an-Nur").* Aber auch Weiters kam hinzu, wie die Überlieferung besagt.

Wenn die Frauen in der Nacht einmal den Abort aufsuchen mussten, konnten sie nie sicher sein, dass sie nicht belästigt wurden. Das gefiel ihnen natürlich nicht und sie beklagten sich beim Propheten. Der schnappte sich dann die Typen und die redeten sich heraus. Vielleicht so in dieser flapsigen Art:

„Nee, so war das nicht. Von deinen Frauen wollten wir nichts. Wir haben gedacht, es seien Sklavinnen…"

„Ihr spinnt wohl, aber okay", sagte Mohammed, *„ wenn das so ist, dann muss das geregelt werden."* Und er regelte es. Nicht, das er die Männer zur Verantwortung gezogen hätte. Nein! Er änderte die Kleidervorschriften. Freie Frauen *(d.h., jene die nicht Sklavinnen waren)* sollten ihre Reize bedecken. damit sie nicht für Freiwild gehalten werden können. Das war aber noch nicht genug.

Einige Jahre später ersann er diese Regel: Frauen bleiben daheim und werden von den Männern getrennt. Rasch fanden auch andere Männer den Sichtschutz *(Hidschab)* und die Ausgrenzung der Frau aus dem öffentlichen Leben *(Hasr)* ganz toll und prima. Sie ahmten es nach. auch dabei blieb es nicht.

Als Omar Kalif wurde, erregte er sich darüber, dass eine Sklavin die gleiche oder ähnliche Kleidung trug, wie es die anderen Frauen taten *(von freien Frauen schreibe ich bewusst nicht)*. Er verfasste eine Kleiderordnung.

Rasch wurde es zum Gesetz in Medina und man konnte an der Art der Verschleierung sehen, ob es sich um eine Sklavin handelt oder nicht. Sklavinnen durften sich nicht so bedecken wie *„ehrbare Frauen"*. Auf diesen Kontext basiert die Verschleierung. Im Grunde nach nur der Willen zweier Männer. Beide jedoch sagen nichts über die Bedeckung des Gesichtes, sondern nur dass die *„Reize"* verhüllt sein sollen.

Aber auch der *Hidschab (arabisches Wort für Vorhang)* unterlag einer Wandlung. Bei der Pilgerfahrt war es Vorschrift, dass Frauen Gesicht und Hände zeigen mussten. Es geht sogar noch weiter. Die Schafiiten *(Teil der sunnitischen Glaubensrichtung)* sagen, dass der Mann das Recht hat, die Frau vor der Ehe zu sehen.

Als der Islam, der nicht nur Religion, sondern auch ein politisches System ist, militärisch weiter *expandierte (Die erste Zielrichtung war Persien)* kamen nicht nur Ländereien hinzu, sondern auch das, was in fast allen Kriegen wichtig ist: *Sklaven (heute verharmlosend gerne als Zwangsarbeiter bezeichnet)*. Und wie dem so ist, es waren nicht nur Männer, sondern auch Frauen. Sklavinnen. Eine optische Unterscheidung wurde nun durch die Art der Kleidung herbeigeführt. Musliminen trugen den Hidschab. Zugleich blieben sie im Haus. Das führte aber auch zu Unfrieden, denn die Frauen wollten auch mehr Bewegungsfreiheiten.

„Na gut", sagten dann die Männer, *„ändern wir mal eben die Regeln"*. Frauen, die Heiratsabsichten hatten, durften ohne Schleier das Haus verlassen. Dies wurde erstmalig in Mekka eingeführt und so zeigten sich die unvermählten Frauen ohne Schleier, quasi stellten sie sich zur Schau. Traditionell wurde es so in der vorislamischen

Zeit im Orient gehandhabt. Diese Regel hielt sich etwa 200 Jahre. Aber: Das gefiel wieder nicht.

Emir Imam Jahja *(Südteil Arabiens, heute Jemen)* erließ dann dies: Frauen dürfen nur noch mit dem Schleier das Haus verlassen. Das fand Anklang bei den Männern und der Sultan von Ägypten *(der Islam hatte expandiert)* bestimmte: Frauen bleiben generell zu hause. Allein Leichenwäscherinnen durften das Haus verlassen um ihrer Tätigkeit nachzugehen.

„Prima", sagte man da in den anderen Gebieten. *„Das führen wir auch ein"*!

Und es wurde eingeführt! Das Tuch musste so locker den Körper umhüllen, das die körperliche Figur nicht erkennbar war. Die Frau als verhülltes Privateigentum des Mannes.

Zu Zeiten Mohameds war es der Schutz vor Belästigung, die ihn antrieb, jetzt wurde es ein Mittel zur Einschränkung. Verklärt als Teil einer Religion.

Aber wie das so ist, wenn verschiedene Kulturen miteinander in Kontakt kommen: Man färbt ab. Die Kleidungsart zeigt, woher man stammte. Die *Burka* deutete auf Arabien, *Tschador* und *Pluderhose* auf Persien. Der Gesichtsschleier *(Niqab)* bestand übrigens aus Rosshaar und war zu Mohammeds Zeit nicht allgemein üblich. Er wird nur einmal als Maske erwähnt, als Aischa das Haus verließ, um sich die nächste Frau des Propheten selber anzusehen - Safije, eine Jüdin, die Mohammed auch heiraten wollte.

Doch die Zeiten ändern sich. Das reine Landleben gab es in der Historie bald nicht mehr, Menschen zogen in die Städte und eine wallende Kleidung wurde dort bei der Arbeit hinderlich. Ein neuer *„Schleier"* musste her. Das Kopftuch und Kleider, die den Körper verhüllten. Kemal Atatürk verbot bei der Gründung der Türkei diese Kleidung, die er das Zeichen der Rückständigkeit nannte.

Auftrieb bekam die Verhüllung durch die islamische Revolution gegen den Schah von Persien, als die traditionelle Kleidung das offene Rebellieren zeigte und zugleich eben das Zeichen wurde, westliche Kulturen abzulehnen. Ein politisches Zeichen. Das Problem:

Das Kopftuch ist zum Politikum geworden. Islamisten nutzen es, um konträre Positionen zu manifestieren... Auf Knochen derer, die die Hintergründe nicht kennen und zum Spielball von Interessen werden, die sie selbst nicht verstehen. Das Tuch grenzt aus. Es grenzt bewusst aus und es dokumentiert eine andere Gesellschaft innerhalb der traditionell gewachsenen Form. Das, was hier mit Toleranz beschrieben wird, ist so in islamischen Ländern – im Umkehrschluss – nicht machbar oder möglich. Ein so getragenes Tuch ist kein Zeichen der Religion, sondern heute ein Zeichen der Opposition und zugleich ein äußeres Bekenntnis der Unterwerfung.

Vor wem? Gedanklich vor einem erdachten Wesen, real aber vor dem Mann, ein System vertretend, welches man kurz mit *„Herr zu Dienerin"* beschreiben kann. Ich sehe das völlig falsch? Wirklich?

Noch etwas: Kann es Religionen oder Glaubensgruppen ohne Festtage geben? Tage, an denen sich die Gemeinschaft zumeist selbst feiert oder an Ereignisse erinnert, die Teil des eigenen Ritus sind? Kaum vorstellbar. Ich wende mich nun wieder dem Christentum zu:

Natürlich hat das Christentum verschiedene Termine *„besetzt"*, aber bei dieser Art der *„Besetzung"* sollte man auch unbedingt die Zeiten beachten, in denen es geschah. Es kam dieser neuer Glauben auf, aber das Volk, dem Missionare diesen Glauben nahe brachten, befand sich gedanklich in einer anderen Welt. Archaisch, Naturgewalten als Göttlichkeiten personifizierend.

Eine alte Handschrift, etwa aus dem 9. Jahrhundert, die ich einmal in einer Ausstellung sah, macht es deutlich. Dort wird Christus auf einem Pferd sitzend gezeigt, mit einem Schwert in der Hand. Im ersten Anblick sieht man einen Krieger. Neben dem Schaukasten, in welchem die Schrift gezeigt wurde, war eine Erklärung zu lesen: Sie erscheint mir schlüssig. Es war kein Krieger, sondern es war ein Reiter, der ein Schwert trug. Das Schwert war zur damaligen Zeit das Zeichen des Höhergestellten. Ein Propagandabild, wenn man es so sagen will, denn das einfache Volk blickte auf. Da kam ein reitender Fürst und einem Fürst kann man ggf. folgen, einem einfachen Wanderprediger nur schwerlich. Damit war die erste Blockade gebrochen und man hörte dem zu, was dieser *„Fürst"* sagte, aus den Mündern der Missionare, seinen Helfern.

Am Anfang war das Volk sehr, sehr skeptisch, denn noch bis ins 11. Jhd. (!) wurde in Deutschland *(ich verwendete den Gebietsbegriff zur Vereinfachung)*, auch noch in vielen Gebieten Odin, Thor oder weitere Asen/Wanen angerufen, getreu dem Motto: *„Sicher ist sicher."* Ein Gott mehr oder weniger kann ja nicht schaden…

Erst dann setzte sich diese Glaubensrichtung allmählich durch. Oder wie beispielsweise bei den Stedingern (dem zwischen Bremen und Hamburg liegenden Gebiet), die durch das blutende Schwert „missioniert" wurden… Wir lasen davon, einige Seiten zurückliegend, doch in Jahren gerechnet, ist es schon Generation entfernt.

Ach, für mich ist der Name belanglos, sei es Jesus oder Mithras. Wichtig allein ist – es ist meine Sicht der Dinge - die Ausrichtung einer Religion. Wenn diese sich dem Humanismus zuneigt, Ethik und Moral nicht nur predigt, sondern auch lebt, so kann ich wiederum mit diesen Überzeugungen leben, sie sogar – als Außenstehender – unterstützen.

Leider hat das Christentum durch Personen erhebliche Misskreditierung erlangt, einer der Gründe des Aufbegehrens Luthers und anderer Reformatoren. Aber es ist sehr einfach von der Kanzel Mäßigung zu predigen, wenn man sich insgeheim schon auf den Gänsebraten freut, der daheim auf dem Tisch steht. Calvin predigte (Kalvinismus) dass nur derjenige zu geldlichem Erfolg gelangen könne, der von Gott dazu auserkoren sei. Zynisch gesagt: „Hast Du nichts, dann bist Du eben nicht auserwählt. Der Dich beherrschende ist von Gott dahin gesetzt worden". Das ist keine Reform, das ist die Festschreibung des Herrschens durch die, welche sich die Macht nehmen und Menschen ausbeuten. Ach, ich schweife erneut ab. …

Wenn nun – ich nehme das Beispiel der Fronleichnamsprozession – dieses Fest christlich besetzt und übernommen wurde, so geschah dieses auch aus Respekt vor dem Empfinden der Menschen. Zuvor ging man über die Felder und besprengte die Erde mit dem Blut von Opfertieren um den Boden fruchtbar zu machen; empfand sich den Naturgewalten selbst ausgeliefert, ja, fühlte sich in der Gewalt erdachter göttlicher Kräfte. Nun übernahm das Christentum diesen Ritus, das Blut wurde durch *„magisches Wasser"*, dem Weihwasser, ersetzt und damit wurden die Felder besprengt. Der Segen kam nun von dem - jetzt - Neuen Gott. Zugleich predigte man die Allmacht dieses Gottes, der keinerlei Opferungen im alten Sinne benötigte. Ein Symbol der Überlegenheit, gerade in Zeiten des Unwissens über die natürlichen Abläufe der Welt als solche.

Ein Gott, der keine Opfer benötigt, aber trotzdem aktiv da war? Der Gedanke war neu und der Gedanke beeindruckte. Vor allem war er preisgünstig und man gab die sinnbildliche Martinsgans lieber dem Priester… Mampf! Auch heute noch nagt kein Priester am Hungertuch…

Als der aus Südengland stammende Missionar Winfried *(Bonifatius)* die Donareiche *fällte (den Überlieferungen nach im Jahr 723 n.d.Ztw.)*, tat er dies auch, um hier die Allmacht des neuen Gottes zu zeigen. Seine Bibel schützte ihn jedoch nicht vor den Schwerthieben die er in Friesland empfing als er den dort wohnenden Menschen predigte und ihnen wohl gewaltig auf die Nerven gegangen sein musste. Menschen benötigen Symbole, ein Glauben ohne Symbole hat keinen Bestand. Und so zeigt man die zerhauene Bibel des Bonifatius noch heute im Kloster Fulda, einem Fetisch gleich.

Jedoch – und deshalb bin ich Agnostiker – kann jedermann, auch ich, hingehen und ein Kreuz zerstören, um eben die Ohnmacht der Religion aufzuzeigen. Ich tue es nicht, denn damit zerstöre ich nicht nur ein Kreuz, sondern beleidige das Empfinden der Menschen, die ihren Lebensweg nach den religiösen Lehren ausgerichtet haben, danach leben und zugleich aus den positiven Teilen dieser Lehre Kraft schöpfen und auch anderen Lebewesen *(ganz bewusst beziehe ich die Tiere mit ein)* helfen.

Letztendlich bin ich thematisch wieder ein wenig weggerutscht, aus dem Exkurs über einen Gott der Vorzeit durch Gedankensprünge hin zu Geschehnissen des Mittelalters und nun hin zu den Fragen, die ich für mich nie beantworten werde:

Warum leben wir?

Was ist das Ziel?

Wer hat es geschaffen?

…Und so kommen wir gemeinsam an das Ende dieser Schrift.

Aber halt!

Etwas darf nicht unterschlagen werden: Das Geld.

Religionen haben immer zugleich auch etwas mit Finanzen zu tun.

Ein sehr übler Teil folgt nun und ich nenne ihn: Blutgeld und schweifen kurz zu „Petrus, dem Fels" ab, denn er begründete ja angeblich das Papsttum. Und das hat wahrlich etwas mit Geld zu tun.

"Du bist Petrus, der Fels, und auf diesen Fels will ich meine Kirche bauen". Diesen Satz findet man im Evangelium des Matthäus. Aber nur dort. Andere Quellen gibt es nicht. Und zu diesem *"auf dem Felsen bauen"* begeben wir uns nun in diesem Beitrag. Wäre es so gewesen, das mit dem Namen, hätten sich die andern Jünger später

nicht *(Markus 9, 33-37; Lukas 9, 46-48)* praktisch darum geprügelt, wer denn nun der „Größte" von ihnen sei. Es wäre klar gewesen. Nun aber, „Petrus" ist griechisch und bedeutet übersetzt „Fels".

Mal am Rande, wenn man die Geschichten des Neuen Testamentes als real annimmt: Einen Jünger *„Petrus"* gab und gibt es darin nicht, *(Simon/Simeon hieß er)* auch keinen Jünger namens Kefas (denn das wäre in hebräisch der Fels). Moment mal. Man sprach doch Aramäisch. Kennen Sie den jünger *Sheno*? Nein? Nun das bedeutet Fels in der aramäischen Sprache. Verwirrend, nicht wahr? *(Sheno ist jedoch nahe am Simon, wenn man es gewaltig hinbiegen will)*.

Aber nicht nur das ist eigenartig. (Im Urtext des Jesaja *(7, 14)* lesen wir von einer *„schwangeren jungen Frau"*, nicht von einer Jungfrau. Gemeint ist Maria, die Gattin des Josef. Ich will jedoch nicht erneut abschweifen,Mit der Genauigkeit nahm und nimmt es die Kirche nicht sonderlich genau und um das *„Genaunehmen"* handelt es sich im Folgenden? nicht um die wörtliche Anpassung der Schriftsammlung namens Bibel. Besonders geht es hier um das Nehmen. Und um das Bauen.

Aber hauptsächlich um das Nehmen. Viel Nehmen...

Blutgeld

Eine kleine Geschichte der armen Kirche, die immer wieder zu Spenden aufruft, denn sie ist ja um die Hilfe der weihrauchumnebelten Gläubigen bemüht, denn die Kirche ist ja gut... Und fromm... Und lieb... Und voller Güte.

Ich will gar nicht auf das Tun in der Inquisition eingehen, das ist umfassend literarisch in ungezählten Büchern vieler Bibliotheken nachzulesen, sondern auf die Armut der Kirche....Nein!

Darauf gehe ich nicht ein, sondern auf das Raffen, das Fälschen, das Betrügen, das Unterschlagen und die Gier, mit der sich diese Institution Kapital unter den Nagel gerissen hat. Eine Geschichte, die man gerne unter das Altartuch kehren will, eine Geschichte voller Blut und Machthunger. Vom Anfang bis heute... Natürlich werden „Gläubige" mich mal wieder zum Teufel wünschen, würden mich gerne brennen sehen, mich den bösen Ketzer, der ausspricht, was historisch belegt, aber kaum bekannt ist.

Nun denn, fangen wir an, derweil ihr Knierutscher schon mal das Brennholz sammeln und die Folterinstrumente bereitlegen könnt. Damit hat man ja reichlich Erfahrung. Begeben wir uns nun gedanklich nach Rom.

Rom ist die heutige Hauptstadt Italiens und zugleich das Gebiet welches den Vatikansstaat beheimatet. Ein unabhängiger Staat. Klein und doch riesig. Etwa 30.000 Organisationen sind unter dem Dach der Kirche versammelt. Sie verwalten und gestalten ein Imperium. Im Jahr 1952 hatten die Goldreserven des Vatikans einen Wert von etwa 11,5 Mrd. Euro, durch die Wertzuwächse ist das bis heute um etwa 650% gestiegen.

Arm?

Rund 22% der Immobilien in Italien gehören dem Vatikan.

Arm?

Hatte Jesus nicht gesagt *(als Heide beziehe ich mich jetzt mal auf die ihm zugeschriebenen Worte)* das man auf Erden keine Schätze anhäufen solle?

Der Historiker Horst Herrman listet in dem Buch *„Die Kirche und unser Geld"* auf, an was die Kirche so alles beteiligt ist:

Stahl, Bau, Chemie, Gas, Kunststoff...usw. Wert etwa 50 Mrd. Dollar (im Jahr 1958). Zudem betreibt man etwa 180 Kreditinstitute. Aber auch der Immobilienwert ist nicht zu unterschätzen. In Deutschland besitzt man 850.000 Hektar Flächen*(8.500 km², das entspricht in etwa der Größe der Hälfte Sachsens, oder anders gesagt: Dreieinhalb mal die Fläche des Saarlands)*, in Italien sind es ca. 500.000

Hektar, in Großbritannien 100.000 Hektar, in den USA 1.100.000 Hektar...usw...

Arm?

Am 07.01.1977 stellte der Historiker Paulo Orietti die Liste der Besitzungen in Rom auf: 22% der dortigen Immobilien gehören 325 Nonnen- und 87 Mönchsorden, in Verona sind es ca. 50% der dortigen Immobilien. Am 26.06.1998 meldete *„La Pandania"*, die Immobilienmenge innerhalb der gesamten Stadt Rom betrüge nun etwa ein Drittel aller Immobilien. Pikant daran:

Da der Vatikan ein eigener Staat ist, tauchen die Besitzrechte in den Katastern nicht auf, denn ausländische Besitzungen werden nicht erfasst.

Am 21.12.2009 gab der Immobilienberater des Vatikans im Handelsblatt zu: 20-22% der Immobilien in Italien gehören der Kirche.

Arm?

Unweigerlich tauchen die Fragen auf: Woher haben die das? Wie kam es zu diesem Reichtum?

Um dies zu beantworten, müssen wir in die Historie eintauchen, das Rad der Zeit zurück drehen und ein wenig in den Jahren herumspringen.

Beginnen wir doch einmal mit Papst Nikolaus V.: Am 18. Juni 1452 schrieb er in der Bulle *(Päpstliche Urkunden mit Rechtskraft)* „Divino amore communiti" *(deutsch: „Aus göttlicher Liebe zur Gemeinschaft")*, das die Sklaverei gerechtfertigt sei: (...)*„...die Länder der Ungläubigen zu erobern, zu vertreiben und zu unterjochen und in die ewige Knechtschaft zu zwingen."* (...)

Dieser Freibrief – immerhin von „Gottes Stellvertreter" selbst erleuchtet verfasst – brachte das Ende für Millionen freier Menschen. Nicht nur die Sklaverei kam, sondern auch der Tod. Aus zeitgenössischen Berichten wissen wir, dass die Todesrate der verschifften Sklaven bei etwa 90% lag.

In dem Buch „Die Kirche und das Geld" *(Historiker Horst Herrmann)* ist zu erfahren, das auch der Protestantismus auf den Zug aufsprang, nachdem Luther Sklaverei und Leibeigenschaft gut geheißen hatte. J, der ehemalige Mönch, den viele als Kirchenmann sehen, hieß es gut! Ich nicht!

Der Papst legalisierte den Sklavenhandel, besaß selbst Sklaven und Papst Gregor XIII. verbot sogar die Heirat eines Sklaven mit einem freien Christen. Das erste Sklavenschiff, welches übrigens zur nun genehmigten Menschenjagd ausfuhr war ein britisches Schiff mit dem Freude bereitenden Namen *„Jesus"*.

Sklaven waren Kirchengut, teilweise wurden Kirchenwerte auch in Sklavenwerten erfasst. Aber der Sklavenhandel war auch zuvor bereits ein einträgliches Geschäft. Papst Nikolaus V. machte es nur heilig und offiziell. Der Historiker Deschner berichtet über den heiligen Martin *(Jener, der seinen Mantel teilte, Martinstag: 11.November))*, er allein sei der Herr über etwa 20.000 Sklaven gewesen. Na, da kann man doch locker einen halben Mantel opfern... Aber das war ja einige Jahrhunderte zuvor und entschuldige mich wieder einmal ein wenig aus dem Thema zu rutschen. Doch auch die Klöster bedienten sich der Sklaven.

Uneheliche Kinder der Kleriker *(...Pfui...- Grins...Zu den Körperlichkeiten komme ich noch...)* wurden automatisch Kirchensklaven, eine lebenslängliche Leibeigenschaft und dieses Schicksal erfreute auch Fidelkinder... .

Bischof Rodriges de Fosca *(Sevilla, Spanien)* war Auftraggeber für einen Sklavenhandel, denn Indianer waren in Spanien begehrt.

Im Jahr 1495 liefen vier Schiffe ein, jeweils mit einer Fracht von ca. 500 Indianern im Alter von 12 bis 35 Jahren beladen. Auf die Reise hatte sie ein gewisser Cristobal Colon geschickt, besser bekannt unter dem Namen Kolumbus. Bekannt als Seeheld und Entdecker.

Nun lernen wir eine seiner Einnahmequellen kennen: der Sklavenhandel.

Aber nicht nur der Sklavenhandel war einträglich, auch Urkunden wurden *„etwas angepasst"*.Der Mönch Geron war beispielsweise einer jener professionellen Urkundenfälscher. Auf seinem Sterbebett beichtete er, das er ganz Frankreich durchzogen habe, um Urkunden für die Kirche zu fälschen *(Buch: „Die Kirche und das Geld")* um den Besitz zu mehren. Es muss einträglich gewesen sein, denn beispielsweise umfasste allein der Besitz des Klosters Fulda etwa 15.0000 Landbesitzungen, das Kloster St. Gallen hielt sich 2.000 Leibeigene.

Diese Urkundenfälschungen haben eine lange Tradition. Die wohl bekannteste Fälschung ist die *„Konstantinsche Schenkung"*. Damit es schön dramatisch wurde, erfand man rasch diese Geschichte:

Papst Sylvester heilte den römischen Feldherrn und späteren Kaiser Konstantin vom Aussatz *(Blatter/Lepra/Pocken)* und aus Dankbarkeit habe er dem Papst das ganze Weströmische Reich geschenkt, incl. des Gebietes des heutigen Vatikanstaates. *(Moment mal…Das Römische Reich war zu dieser Zeit verwaltungstechnisch geviertelt, Konstantin beherrschte gar nicht den gesamten Westen, aber das hatte man wohl übersehen oder man wusste es einfach nicht mehr…).*

Kennt man Johann Dreensdorf? Gewiss nicht. Er wurde im Jahr 1425 in Heidelberg enthauptet, weil er die Fälschung nachwies. Das gleiche Schicksal ereilte Friedrich Reiser 1458 in Straßburg. Enthauptungen für Behauptungen. Sie bezogen sich hierbei auf Arnold von Brescia (12.Jhd.) und Laurentius Walla (14.Jhd.).

Die Kirche gab die Fälschung erst im 19.- Jahrhundert zu. Und behielt dennoch ihren Besitz… Äußerten sie sich zu den vorgenannten Ermordeten? Bedauerten sie das Getane? Na, was meinen SIE…?

Eine weitere Einnahmequelle war der Ämterhandel (Simonie).

Papst Innozenz III. schuf nach seinem Amtsantritt - unschuldig und schnell - 52 neue Sekretariatsstellen und verkaufte sie für 79.000 Goldgulden. Immerhin rund 10. Mio. Euro, nach heutigem Geldwert.

Papst Leo X. stand ihm nicht nach. 39 neue Kardinalsstellen wurden geschaffen, die ihm 511.000 Dukaten einbrachten (66 Mio. Euro). So ein Kardinalshut kostete zwischen 10.000 und 30.000 Dukaten, also um die 1 Mio. Euro. Keine schlechte Investition, wenn man bedenkt, was dabei heraus springen konnte.

Im Jahr 1492 – Kolumbus entdeckte gerade als x-ter Seefahrer mal wieder Amerika – stand eine erneute Papstwahl an. Kardinal de la Rovera und Rodrigo Borgia standen sich gegenüber. Kardinal de la Rovera investierte 1, 2 Mio. Dukaten in Bestechungsgelder, Rodrigo Borgia verschenkte Abteien und Städte. Eng stand es, die Stimmenmenge war fast gleich. Kardinal Orsini zum Beispiel verkaufte seine Stimme für die Burgen Montecelli und Sariani, Askarius Sforza für vier Maultierladungen Silber…Es stand gleichauf. Rodrigo Borgia fehlte nur noch eine Stimme, die brachte ihm ein venezianischer Mönch ein, der nur bescheidene Forderungen hatte: 5.000 Kronen und eine *„heiße Nacht"* mit der Tochter des Borgia. Borgia willigte ein. Das Kind war zwar erst zwölf Jahre alt aber so ein kleines Opfer musste man schon bringen, wenn der Papa Papst werden kann. Und Borgia wurde Papst.

Als Alexander VI. trat er betend und fromm die Nachfolge des Jesus an. Seine Tochter – gewiss voll des Glückes einen solchen Vater zu haben – stimmte gewiss ein freudiges Hölleluja an…Und wird geweint haben.

Moment: Papst? Tochter? Na, damals nahm man das alles nicht so streng. Halleluja!

Wer nun aber glaubt, dies ist Vergangenheit, der irrt.

Auch heute noch kann man sich etwas erkaufen. Im Jahr 1990 kostete (in heutigem Eurowert):

Eine vom Papst unterzeichnete Segensurkunde: 2.500 Euro

Eine Audienz (mit Video): 15.000 Euro

Ein Ehrendoktortitel : 25.000 Euro

Der Orden des St. Georg : 60.000 Euro

Der Titel – Baron : 150.000 Euro

Der Titel - Fürst: 1.250.000 Euro

Heiligsprechung (preiswert für einen Stehplatz neben dem „Chef"): 100.000 – 250.000 Euro

Das alles natürlich ohne Nebenkosten, die kommen noch hinzu. Wie viel das ist? Rufen sie doch mal dort an, man wird Sie gewiss gerne mit einem Titel versehen. Na, wie wäre es?

Papst Johannes Paul II. (1920-2005) hat übrigens 464 Heiligsprechungen vorgenommen. Immerhin 116 Mio. Euro heilige Einnahmen aus den, diesen Antrag stellenden, Institutionen heraus.

Aber auch der Ablasshandel ist heute noch aktuell. Man kennt gewiss das Zetern des Martin Luther gegen diese Zettel, aber als man im Jubeljahr 2000 in Rom bestimmte Tore durchschritt, bekam man seinen Ablass. Gegen eine Spende hatte die Kirche nichts einzuwenden... Ach, dieser Ablasshandel. Nach Recherchen von Horst Herrmann (*„Kirchenfürsten"*) hat man durch den Ablasshandel etwa 130.000.000.000 Euro eingenommen. Man konnte sich vom Fegefeuer frei *kaufen (dass das Fegefeuer nur in den verbotenen Apokryphen stand, nahm man locker...beim Geld ist die Kirche nicht kleinlich...)*, aber man konnte auch einen Mönch bezahlen, dass er für einen stellvertretend beten solle.

Papst Sixtus IV. erfand dies: Wer sich eine Pilgerreise nach Rom nicht leisten konnte, der konnte ein Drittel der Reisesumme spenden und das hatte dann die gleiche Wirkung. Vorteil: Die heilige Kirche hatte das Geld und Gold und das Gesindel (-pardon), ich meine die Gläubigen, sah den Sündenpfuhl Rom nicht.

Überhaupt das Gold.

Papst Alexander VI. *(der Borgia dessen Tochter einem Mönch „eine heiße Nacht" verschaffte, damit er Papst werden konnte)* gab im Jahr 1495 die Bulle *„Inter cetera"* heraus, in der er sagte: *„Die barbarischen Völker müssen unterworfen werden".*

Bei Friedhelm Othegraven finden wir die entsprechende Litanei *(„Litanei des weißen Mannes"): (...) „Die Indianer denen solche Gnade und Gunst widerfährt sollten ihrerseits ihre Unterwürfigkeit und ihren guten Willen beweisen, indem sie eine große Menge Gold, Silber, Edelsteine und andere Dinge die sie besitzen, seiner Hoheit dem König und dem Gouverneur freiwillig ausliefern, andernfalls könnten Gott unser Herr und unsere Höchsten sehr ungnädig werden..."(...)* Na, das tropft doch richtig vor Güte und Liebe.... Und sie gaben....Wenn sie nicht gaben, dann half man halt ein wenig nach. Es waren ja nur Barbaren....

In der Kathedrale von Toledo (Spanien) steht eine etwa drei Meter hohe Monstranz aus reinem Gold. Monstranz. Ihr Wert: 1.326.539 Goldpesos...heute sind das etwa 450.000.000 Euro. Eingedenk des Blutes, welches dafür vergossen wurde, ist es eher ein Monsterdenkmal als Monstranz. Das Volk stirbt im Elend und dieser Fetisch steht da herum. Sehe ich es, sehe ich die Bäche voller Blut und höre ich die Choräle der Mönche höre ich das ersterbende Schreien des Verreckens goldgierig ermordeter Menschen. Sehe ich die umgebauten ehemals indianischen Heiligtümer *(man zwang Indianer – den Begriff verwende ich einmal pauschal für all jene, die in Nord- Mittel und Südamerika ihrer Kultur und des Lebens beraubt wurden)*, sehe ich bleichende Knochen in der Sonne, hell glänzend zum

Wohl des lieben Gottes. Millionen Menschen ermordet, ausgeplündert und in Elend verstoßen. Hat man in der Kirche je daran gedacht, das Raubgut zurück zu geben? Die Menschen brauchen es, dann ist Armut in der Dritten Welt besser zu bekämpfen. Das Ansehen eines Kreuzes, eines Heiligen oder eines sonstigen Fetisches stillt keinen Hunger!

Aber Mord ist auch so ein Geschäft, welches Geld herein bringt.Papst Alexander VI. *(dessen Tochter, na Sie wissen schon...)* ließ - nach dem Verkauf der Posten – die Amtsinhaber oftmals beseitigen, zog die Besitztümer ein und verkaufte sie wieder. Doch das ist *„nur"* Mord im kleinen Rahmen.

Unter diesem Alexander VI. konnte man sich auch vom Verbrechen des Mordes frei kaufen. Der gütige Papst verzeiht gern gegen einen Obolus.... Zu der Zeit gab es in Rom im Durchschnitt vierzehn Morde am Tag. Kein schlechtes Geschäft.... Die Genehmigung der Blutschande konnte man natürlich auch kaufen oder wie es der Kardinal von Valencia – Pedro Mendoza – tat, die Genehmigung zur Haltung eines Lustknaben....Überhaupt Alexander VI.:

Im Jahr 1500 feierte er in Rom eine Orgie mit 50 anwesenden Huren. Sein Mätresse, Julia Farnese, ließ er als Gottesmutter malen, die Gläubigen beteten zu ihr.... Sein Nachfolger, Julius II. Beiname „il terribile" *(Giuliano della Rovere, Papst von 1503 bis 1513),* litt an der Syphilis und hatte dazu drei Töchter....

Die Inquisition war Mord im großen Stil. Deggendorf, 1337: Alle Juden werden ermordet. Ihr Vermögen beschlagnahmt.

Spanien/Portugal: Alle Juden werden vertrieben. Ihr Vermögen beschlagnahmt.

Ketzerprozesse: Bereits bei der Verhaftung wird das Vermögen beschlagnahmt.

Im 5. Jahrhundert wies der Kirchenlehrer Salvian an: *„Wer sein Vermögen seinen Kindern hinterlässt, statt der Kirche, handelt gegen Gottes Willen."* Dies nahm Papst Alexander im Jahr 1170 auf und verfügte, dass ein Testament nur gültig sei, wenn ein Priester dabei anwesend war. Notare, die ein Testament ohne anwesenden Priester aufsetzten, wurden exkommuniziert. Eine testamentarische Besitzüberschreibung an die Kirche verkürzte zudem die Zeit im Fegefeuer.

Auch hier der Hinweis:

Das Fegefeuer *(Purgatorium)* kommt nur in den verbannten Bibelteilen *(Apokryphen)* vor. Das weiß das Volk – auch heute nicht - aber nicht und das es dumm blieb, dafür sorgte man schon.

Aber auch am *„Zehnt"* bereicherte man sich. Auch bei den Ärmsten der Armen, die Abgaben zahlen mussten. Papst Pius V. (1504 - 1572) über säumige Zehntzahler: *„Ein gemeiner Mann, der seine Geldstrafe nicht zahlen kann, soll beim ersten Mal mit auf dem Rücken gefesselten Händen einen Tag vor der Kirchtür stehen, beim zweiten Mal durch die Strassen gegeißelt werden und beim dritten Mal wird man ihm die Zunge durchbohren und auf die Galeeren schicken."*

Einträglich waren auch die Kreuzzüge. Oftmals liehen sich die Kreuzfahrer Geld bei der Kirche für die Reise. Verstarben sie dabei, verfiel das Hab und Gut an die Kirche.....

...Es stand mal wieder ein Feldzug auf der Tagesordnung. Papst Sixtus IV. wetterte gegen die Türken und so ein Feldzug kostet Geld. Also braucht man schon wieder eine Einnahmequelle, denn das allgemeine Leben verschlingt Unsummen. Was macht er nun?

Na, er eröffnet *(ich werde mal ordinär)* einen Puff. Ein Bordell für Männer und Frauen. Seine Einnahme: 26.0000 Dukaten im Jahr. Papst Clemens VI. findet das wunderbar und belegt die Kirchennutten (pardon), die Prostituierten mit einer eigenen Steuer. Das findet der Bischof von Straßburg ebenfalls prima und macht auch einen Puff auf: Gleich im Straßburger Münster darf herumgehurt werden. Die Kirche als Bordell.

Wer das nun obszön findet, wie ich mich in dem Sachverhalt ausdrücke, sollte man seinen Gedankengang überprüfen, denn das Obszöne ist das Tun der sich selbst heilig nennenden Kirche.

Papst Julius II. verfasst sogar eine Bulle für die Bordelle. Eine päpstliche Regelung für Bordelle! Verfasst am 2. Juli 1510. Die Päpste Leo X. und Clemens VII. sind seinerzeit mit 25% an den Bordelleinnahmen beteiligt...

Und heute?

Trotz Trennung von Staat und Kirche *(Grundgesetz)* gibt es diese Trennung faktisch nicht.   Rund 14.000.000.000 Euro bekommt die Kirche – trotz des immensen Reichtums – von den Steuergeldern. Zusätzlich zu der Kirchensteuer! Das zahlt somit jeder. Sei er Jude, Moslem oder Atheist. Jeder finanziert die Kirche mit, anteilig mit jedem Brötchenkauf...

Er bezahlt die Gehälter der Kardinäle, Priester, bezahlt – getarnt als Denkmalschutz – den Erhalt der Kirchenbauten, bezahlt die Ausbildung der Priester, selbst das Weihwasser in der Militärpriesterei. Rund 90% der kirchlich-caritativen Einrichtungen werden durch Steuergelder finanziert. Nicht durch die Kirchengelder, aber die Kirche bestimmt!

Das ist Kirche.

Die arme Kirche…

Ich bleibe Heide.

Halleluja…

Wir lasen über das Entstehen verschiedener Religionsrichtungen - *in dem hier besprochenen Zusammenhang fast gänzlich aus dem gleichen*

Kulturkreis entstammend, dem vorderen Orient – lasen von Gewalt, Unterdrückung, Besitzergreifung, Begierde und Bevormundung und soeben vom Blutgeld.

Wir lasen von Macht und Ohnmacht, wir zogen Vergleiche und entdeckten erstaunliche Übereinstimmungen.

Ist alles in der Welt denn nur trostlos, beherrscht von Begierden? Ich will Ihnen etwas Hoffnung geben, denn ich gebe Ihnen, zum Ausklang hin, ein Märchen, welches ich vor einigen Jahren schrieb. Es heißt *„Der König"*.

Nein, nicht jener Himmelskönig, der unterschwellig in dieser Schrift so manche Seite befleckte, sondern es handelt von einem sehr weltlichen König, der… Ach lesen Sie selbst, denn dieses Märchen beinhaltet das soeben angesprochene und zeigt das so sehr Vermisste. Wie, Sie vermissen nichts? Wirklich? Vielleicht zeigt Ihnen das Märchen das Vermisste und Sie sehen sich in diesem Märchen selbst. Irgendwo. Nun denn:

Der König

Es lebte einmal, vor langer Zeit, ein König.

Jeden Tag, immer zur gleichen Zeit, stieg er auf seinen hohen Turm, nahe bei seinem Schloss und sah über das Land, welches ihm gehörte. Denn, er war ja der König. Er sah über die Felder, die ihm gehörten und er sah über die Wälder, die ihm auch gehörten. Dann winkte er einem Diener und dieser reichte dem König die erlesenen Speisen aus der ganzen Welt, die ihm der Koch zubereitet hatte.

Nachdem er nun gespeist hatte ging er stets auf die andere Seite des Turmes und sah wieder über sein Land. Er sah über den See, der ihm gehörte und er sah auf das Meer hinaus, welches ihm auch gehörte. Denn er war ja der König.

„Ach", sprach er zu sich, so wie er es immer tat, „was bin ich doch ein glücklicher Mann."

Eines Tages war der König wieder auf seinem Weg zu dem Turm, als er am Wegesrand einen Bettler sitzen sah, der auf einem Grashalm nagte und ein kleines Liedlein summte. Der Bettler senkte den Kopf, als der König vorbei schritt und grüsste artig, denn es war ja der König. Da blieb dieser stehen und sagte zu dem Bettler:

„Warum singst du so fröhlich? Wie vermag das sein? Du sitzt am Wegesrain und deine Kleidung ist gar schäbig. Du besitzt nichts, wie vermagst du da, fröhlich zu sein?"

„Ja, Herr König, " antwortete der Bettler, „ich besitze nichts und doch besitze ich alles."

„Wie kann das sein?" erwiderte der König, „komm Bettler, heute sollst du mich begleiten. Steige mit mir auf den Turm und ich zeige dir mein Reich. Siehe, was alles mir gehört."

Da stand der Bettler auf, nahm Stab und Beutel und stieg mit dem König auf den Turm.

„Schau Bettler", sagte der König und wies mit der Hand über das Land. „Alles das gehört mir. Die Wälder und Flüsse, die Seen und Berge, das Meer und die Felder. Sag, Bettler, bin ich nicht ein glücklicher Mann?"

„Ja, Herr König, " erwiderte der Bettler, „Ihr habt alles, was ein Mensch haben kann. Doch eines habt ihr nicht."

„Was habe ich nicht?" stutzte der König, „Sage es mir. Ich will es rasch kaufen, damit ich es auch habe und noch glücklicher werde."

„Etwas, das du nicht kaufen kannst."

„Papperlapapp", runzelte der König die Stirn, „alles kann ich kaufen. Sage mir, was ist es?"

„Dann folge mir," erwiderte der Bettler und so stiegen sie von dem Turm hinab.

Der Bettler ging voran und der König folgte ihm. So gingen sie eine Weile. Zuerst über das Feld und dann durch einen Tannenwald, bis sie zu einer schäbigen Hütte kamen, die in dem Wald stand.

„Hier wohnst du?" fragte der König und der Bettler nickte mit dem Kopf, „Dann zeige es mir, Bettler, das, was ich nicht kaufen kann."

Da öffnete sich die Tür und die Frau des Bettlers trat auf die Lichtung des Waldes, gefolgt von zwei Kindern. „Willkommen daheim", sagte die Frau und der Bettler und sie umarmten sich, derweil die Kinder riefen: „Vater, schön, dass du wieder daheim bist."

Er strich ihnen über den Kopf und sie lächelten. Seine Frau aber gab ihm einen innigen Kuss. „Das ist es, Herr König, das ist das, was du nicht zu kaufen vermagst."

„Ich verstehe nicht", sagte der König, „was soll es sein?"

„Nun", sagte der Bettler, „die Menschen achten und verehren dich, das ist wohl wahr, aber lieben sie dich?"

Da wurde der König zornig und erhob die Stimme:

„Natürlich lieben sie mich. Ich bin der König. Jeder muss mich lieben."

Da lächelte der Bettler und deutete eine Verbeugung an.

„Gewiss, Herr König. So wird es wohl sein."

„Siehst du", sagte der König darauf, „ es gibt nichts, was mir nicht gehören kann. Gar nichts. Denn ich bin der König. Jeder gehorcht mir und ich kann die besten Speisen essen."

„Sicher, sicher", nickte der Bettler, „aber trankest du je einen Kuss, den man dir gab, weil du nur du bist?"

„Natürlich, ich befehle es einfach."

Da nickte der Bettler und der König ging zurück zu seinem Turm und wieder über sein Land zu sehen. Denn, besaß er nicht alles?

Der Bettler aber setzte sich auf den Stumpf eines Baumes und seine Hand strich über das Fell des Bettlerhundes, der sich zu seinen Füssen gelegt hatte und dessen Zunge nun die Hand beleckte.

Und nun? Was macht all das mit uns? Diese Schrift, die darin enthaltenen Fakten... Aber auch das abschließende Märchen? Aufrührerische Worte?

Ketzergedanken? Humanismus? Wegreißen von verhüllenden Tüchern Offenlegung von Fakten? Fragen? Antworten?

Urteilen SIE selbst. Denken Sie nach.

Ich kann Ihnen keine Antworten geben, ich kann Ihnen nur dieses Anbieten, eben die anderen Menschen so respektvoll zu behandeln wie man selbst gern behandelt werden möchte, alle Lebewesen achten und dabei die Umwelt nicht zu zerstören; manchmal etwas weniger von allem zu nehmen und denen die Hilfe brauchen die Hand zu reichen, ohne sogleich etwas dafür zu verlangen. Aber auch jenen die sich als Herrscher und Großkotz aufführen „auf die Finger zu hauen", denn:

Wenn der Klügere immer nachgibt, beherrscht der Dumme die Welt.

Ansonsten bleibt für uns alle nur dies:

Ein großes

Freie Seiten für Ihre Notizen/Anmerkungen

Ebenfalls vom Autor erschien, erhältlich bei jedem

Versandbuchhandel , bei amazon oder im örtlichen Buchhandel.

„Der Pfeifer", packenderRoman aus der Zeit des Interregnum

https://tredition.de/autoren/wolf-von-fichtenberg-1340/der-pfeifer-paperback-1966/

Inhalt:

„Bin ich es wert?" fragt Falk seine geliebte Guinevra, als sie auf der Flucht gen Norden eilen...

Was war nur aus ihm geworden?
Er, der seine Eltern verlor, durch die Lande vagabundierte und nun auf der Flucht war.
Alles hatte er verloren, alles... Aber Guinevra hatte er gefunden und mit ihr würde er neu beginnen.
Heimatlos, verfolgt und verzweifelt bedrängt ihn sein Schicksal.
Er, der in die Zeit geboren wurde, als das Reich keinen Kaiser hatte. Das Schwert regierte und fremde Herren bemächtigten sich des Landes.
Aberglaube beherrscht die Menschen und Raubritter drangsalierten das Volk, von ihren festen Burgen aus.
Was macht ein einfacher Mann in dieser Zeit? Wie lebt er, wie fühlt er, was hält das Schicksal noch für ihn bereit? Für ihn, Falk, der doch nur den Frieden sucht und als „Rattenfänger von Hameln" in die Geschichte einging.
War er der böse Mann, mit dem man Kinder erschreckt, oder war alles ganz anders?
Lernen sie Tile Kolup kennen, der sich zum Kaiser berufen fühlt und auch den Minnesänger Eckart, der sich großspurig „von der Vogelweyde" nennt. Aber auch die liebreizende Guinevra.
Tauchen Sie ein in eine Welt, in der die Menschen in ihren Handlungen denen von heute gleichen, aber die doch so anders ist.

Hier erzählt Falk Ihnen seine Geschichte.

Seitenanzahl: 292   ISBN: 978-3-86850-614-3   **19,99 €**

Über tredition

EIN EIGENES BUCH VERÖFFENTLICHEN

tredition wurde 2006 in Hamburg gegründet. Seitdem hat tredition mehrere tausend Buchtitel veröffentlicht. Autoren veröffentlichen in wenigen leichten Schritten gedruckte Bücher, e-Books und audio-Books. tredition hat das Ziel, die beste und fairste Veröffentlichungsmöglichkeit für Autoren zu bieten.

tredition wurde mit der Erkenntnis gegründet, dass nur etwa jedes 200. bei Verlagen eingereichte Manuskript veröffentlicht wird. Dabei hat jedes Buch seinen Markt, also seine Leser. tredition sorgt dafür, dass für jedes Buch die Leserschaft auch erreicht wird.

Im einzigartigen Literatur-Netzwerk von tredition bieten zahlreiche Literatur-Partner (das sind Lektoren, Übersetzer, Hörbuchsprecher und Illustratoren) ihre Dienstleistung an, um Manuskripte zu verbessern oder die Vielfalt zu erhöhen. Autoren vereinbaren direkt mit den Literatur-Partnern die Konditionen ihrer Zusammenarbeit und partizipieren gemeinsam am Erfolg des Buches.

Das gesamte Verlagsprogramm von tredition ist bei allen stationären Buchhandlungen und Online-Buchhändlern wie z. B. Amazon erhältlich. e-Books stehen bei den führenden Online-Portalen (z. B. iBookstore von Apple oder Kindle von Amazon) zum Verkauf.

Jetzt ein Buch veröffentlichen: **www.tredition.de**

EINE BUCHREIHE ODER VERLAG GRÜNDEN

Seit 2009 bietet tredition sein Verlagskonzept auch als sogenanntes "White-Label" an. Das bedeutet, dass andere Personen oder Institutionen risikofrei und unkompliziert selbst zum Herausgeber von Büchern und Buchreihen unter eigener Marke werden können. tredition übernimmt dabei das komplette Herstellungs- und Distributionsrisiko.

Zahlreiche Zeitschriften-, Zeitungs- und Buchverlage, Universitäten, Forschungseinrichtungen, u.v.m. nutzen diese Dienstleistung von tredition, um unter eigener Marke ohne Risiko Bücher zu verlegen.

Alle Informationen im Internet: **www.tredition.de/Buchverlage**

tredition wurde mit mehreren Innovationspreisen ausgezeichnet, u. a. Webfuture Award und Innovationspreis der Buch-Digitale.

tredition ist Mitglied im Börsenverein des Deutschen Buchhandels.

Zeitfracht Medien GmbH
Ferdinand-Jühlke-Straße 7
99095 Erfurt, Deutschland
produktsicherheit@kolibri360.de